Armand Bloch

Phoenizisches Glossar

Armand Bloch

Phoenizisches Glossar

ISBN/EAN: 9783743422650

Hergestellt in Europa, USA, Kanada, Australien, Japan

Cover: Foto ©ninafisch / pixelio.de

Manufactured and distributed by brebook publishing software (www.brebook.com)

Armand Bloch

Phoenizisches Glossar

Phoenicisches Glossar

von

Dr. A. Bloch.

Berlin.
Mayer & Müller.
1890.

Seinem tiefgeliebten

Vater und Lehrer

gewidmet.

Vorwort.

Seit M. A. Levy sein *Phoenizisches Wörterbuch* 1864 herausgegeben und demselben 1870*) einen Nachtrag beigefügt hat, ist eine nicht unbedeutende Anzahl theilweise sehr wichtiger Inschriften aufgefunden worden, durch welche der Kreis des uns bekannt gewordenen phoenicischen Wörterschatzes ziemlich vergrössert und in seinen früheren Bestandtheilen theilweise richtig gestellt wird; es konnten daher in dem vorliegenden Glossar, trotzdem in demselben mit Ausschluss des Aramäischen und sogar des Neu-punischen (das ich später zu bearbeiten gedenke) nur rein phoenicische Inschriften berücksichtigt wurden, eine grössere Wörterzahl und ein bedeutenderer Formenreichthum aufgestellt werden, als es Levy möglich war.

Als Grundlage dieses Glossars diente das Corpus Inscriptionum Semiticarum, welches mit Ausnahme einiger neu-punischen Inschriften (Nis. 141 u. 149—152) vollständig benutzt ist. Dazu kommen noch die von Euting gesammelten carthagischen Inschriften (die nur theilweise in das Corpus aufgenommen sind), die Siegel und Gemmen in den Sammlungen von Vogüé, Levy und Clermont-Ganneau und vereinzelt in Zeitschriften, die Münzen, deren Quellen im Glossar selbst angegeben werden, und die in den letzten Jahren neu entdeckten Inschriften, zu welchem die Literatur weiter unten angegeben wird.

Ich habe mit möglichster Genauigkeit und Vollständigkeit bei jedem Worte anzugeben gesucht, wo und in welcher Form dasselbe zu finden ist, und dies nur bei wenigen, ganz gewöhnlichen Wörtern, die fast auf jeder Inschrift wiederkehren, unterlassen. Die zusammengesetzten Eigennamen, die hier sehr stark vertreten sind, habe ich so zusammengestellt, dass über ihre verschiedene Bildungsweise eine leichte Uebersicht zu gewinnen ist. Was die Bedeutungsangabe betrifft, so habe ich jedesmal nach strenger

---
*) Im 4. Bande seiner **Phoenizischen Studien**.

Prüfung des bisher Gegebenen das mir am richtigsten scheinende herausgewählt, zuweilen auch der eigenen Meinung Raum gegeben, vor allem aber gewagte Deutungen zu vermeiden gesucht und lieber meine Unwissenheit eingestanden, als etwas aufgestellt, was nicht zu rechtfertigen ist.

Abkürzungen.

Zahlen ohne nähere Angabe beziehen sich auf die betreffenden Nummern im Corpus.

Ath. 8. = Atheniensis 8 a.
Literatur: Meletopulos: 'Εφημερὶς ἀρχαιολογική. 1884. p. 68 f.
Euting: Sitzungsber. d. Berl. Akademie der Wissenschaften 1885. p. 669 f.

Ath. 9. Atheniensis 9a.
Literatur: Renau: Comptes-rendus de l'acad. des inscr. et belles-lettres, 1888. XVI. p. 12f. id.: Inscription phénicienne et grecque découverte au Pirée. Paris 1888. Halévy: Journal asiatique. 1888. sér. 8. t. XII. p. 505f. id.: Revue des études juives. 1888. XVI. p. 140f. Reinach: ibid. p. 275 f. Fraenkel: Revue critique. 1888. p. 493. Zenner: Wiener Zeitschrift für die Kunde des Morgenlandes II. 3. p. 248f. Berger: Mémoires de la Soc. de linguistique de Paris 1889. VI. p. 381 f. Hoffmann: Abhdlgn. der kngl. Gesellsch. der Wissensch. zu Göttingen, Mai 1889.

C = Euting, Sammlung der carthagischen Inschriften. Bd. I. Strassburg i. E. 1883.

C. J. S. = Corpus Inscriptionum Semiticarum herausgegeben von der französischen Akademie. Pars I. Tomus I. Fasc. 1—4. Paris 1881—1887.

Cl. G. Fr. = Clermont-Ganneau, les fraudes archéologiques en Palestine. Paris 1885.

Cl. G. Se.   Clermont-Ganneau. Sceaux et cachets israélites, phéniciens et syriens: Journ. asiat. 1883. séi. 8. t. 1. p. 506f. u. t. II. p. 304f.   Auch separat.   Paris 1883.

D. = Derenbourg, J. & H.: les inscriptions phéniciennes du temple de Séti à Abydos, publiées et traduites d'après une copie inédite de M. Sayce: Rev. d'assyriologie et d'archéologie orientale 1885. p. 81f. Auch separat. Paris 1886.

de L. Satr. = de Luynes, essai sur la numismatique des satrapies et de la Phénicie sous les Achéménides. Paris 1847.

G. mon. = Gesenius, scripturae linguaeque Phoeniciae monumenta quotquot supersunt etc. Lipsiae. 1837.

Hadr. = Hadrumetische Inschr. (1—9) im Anhange zu Euting. Sammlung der carth. Inschr.

Idal. 7. - Idaliensis 7a.

Literatur: Berger: Comptes-rendus de l'académie des incriptions et belles-lettres. 1887. XV. p. 203f.   Pierides: Academy. 1887. p. 329f.

Levy Ph. St. = Levy, Phoenizische Studien. Bd. 1—4. Breslau 1856. 57. 64. 70.

Levy S & G.   Levy, Siegel & Gemmen mit aramäischen, phoenlz. althebr. etc. Inschriften. Breslau 1869.

Mas.   Inschrift von Ma´sûb.

Literatur: Clermont-Ganneau: Revue archéologique 1885. sér. 3. t. V. p. 380. f. = dessen, Recueil d'arch. orientale fasc. 2. p. 81. f. Halévy: Rev. des études juives 1886. XII. p. 109 f. Hoffmann a. a. O.

Müller = L. Müller, numismatique de l'ancienne Afrique. 3 vol. Copenhague. 1860—1862.

rev. num. = Revue de la numismatique française. Paris.

Sid. 3   Sidoniensis 3a

Literatur: Berger: Comptes-rendus de l'acad. des inscr. et belles-lettres. 1887. XV. p. 175. 182. 308 f.   Halévy: ibid. p. 314 f. id.: Rev. des études juives 1887, XV., p. 292 f. Derenbourg: Comptes-rendus etc. 1887, XV. p. 339 f. id.: Rev. des études juives 1887, XV., p. 109 f. id. Rev. de l'histoire des religions 1887, juillet-août p. 7 f. Berger: Rev. archéol. 1887, X. p. 1 f. Reinach: ibid. p. 100 f. Hamdy, J.: ibid. p. 138 f. Cohn: Jüdisches Litt.-Blatt XVII, Nr. 1.   Berliner philologische Wochenschrift 1887. N[ie] 28, 35, 36. Lewis T. Hayter: Palestine Exploration Fund.

1*

1888. p. 5 f. Clermont-Ganneau: Rev. archéol. 1888. XI. p. 160 f.
Renan et Maspero: Le sarcophage de Tabnit, roi de Sidon. Paris 1888.
Hoffmann a. a. O.
  Tam. 1. und 2. == 1te und 2te Inschrift vonTamassus.
  Literatur: Euting: Sitzungsber. d. Berl. Akademie 1887 p. 115 f.
Berger: Comptes-rendus etc. 1887, XV. p. 187 f. id.: Revue critique: 1887, XXIII. p. 172 f. 334 f. id.: Journ. asiat. 1887, IX. p. 298 f. id.: Proceedings of the Society of biblical Archaeology 1887, IX. p. 100 f. 153 f. Wright: ibid. p. 47 f. Clermont-Ganneau: Recueil d'arch. orientale, fasc. 3, p. 176 f. 198 f. Reinach: Revue archéologique 1887, IX. p. 82 f.
  Tyr. — Inschrift von Tyrus.
  Literatur: Schroeder: Zeitschrift der deutschen morgenl. Gesellchaft 1885, XXXIX. p. 317 f. Halévy: Rev. des études juives 1886, XII. p. 107 f. Clermont-Ganneau: Rev. archéol. 1886. VII p. 1 f. == dessen recueil d'arch. orientale, fasc. 2. p. 87 f.
  V. Head. — Barclay V. Head, Historia nummorum. Oxford 1887.
  Vog. Int. ph. == Vogüé, intailles phéniciennes, enthalten im folgenden.
  Vog. Mél.   Vogüé, mélanges d'archéologie orientale. Paris 1868.

א

א wechselt manchmal mit ע z. B. אדן = עדן. אדרבעל · עדרבעל · עמתאשתרת · אמתעשתרת. נדרע נדרא. Es dient als Suffix, verb. und nom. der 3. Pers. sg. masc. und fem. statt des gewöhnlicheren י z. B. קלא קלי (hbr. קלי oder קלֹה), ברבא (= hbr. ברבו); als Endung der 3. Pers. sg. fem. נדרא (hebr. נדרה); in spätcarthagischen Inschriften auch als Stat. constr. pl.: פנא (hbr. פני). ebenso als Artikel für das regelmässige ה vielleicht schon in אן, das auf den ältesten Denkmälern sich befindet, jedenfalls aber in den Inschr. 221. 239. 246. 274. 322. 325. 328. 329. 332. 334. 349. 351. 370. In letzterer Inschr. steht Z. 6 אשפט für השפט in Z. 3 u. 4. Ein א prostheticum haben wir in אבן. das in nomm. comp. immer בן lautet. Ferner in ארשת, אשלבם, אשנב, אשתת und wahrscheinlich in אן. wenn es hier nicht Artikel ist (s. o.). א fällt oft ab in den mit את, אחת, אמץ und אי zusammengesetzten Eigennamen. Auf א endigende nomm. propria sind: ארא, אמא, אמגבא, ארבדא, ארישא, בדא, [?] ה] בבא, בלא, בנא, גדא, גרא, הנא und dessen Compos., יחיא, בלבא, בתרא, לבא, מתנא, נבא, נרגא, עבדא, עזא, עבבדא, עמא, ערעא, פחתה, פדרא, צבא, שמא, שעא, שמרא, תארא, תחוא, תמא, תמבא, תדרא, אנשא, אבד ··
א alleinstehend: CIG. Sc. No. 40, nach Clermont-Ganneau eine Ordnungszahl „No. 1."

אא am Ende der Inschr. 399.

אב (hebr. אָב) Vater. אבי mein V.: 57. 2. אבי sein V.: 58. 3—4. אבכם ihr V.: 60. 3—4. 93. 5.

אבבעל N. p. f. Abibaʻal (Vater ist Baʻal): 378. 2.

אבחלל N. p. m. Abiḥalal: CIG. Sc. No. 43.

אבי N. p. m. Abî (mein Vater [ist Baal]): CIG. Fr. p. 270 ff.

אביבעל N. p. m. Abibaʻal (mein Vater ist Baʻal): auf einer Gemme bei de L. Satr. pl. XIII. 1.

אבל nach Halévy eine Negation, verkürzt aus איבל (s. s. v. אי): 1. 13.

אבן Stein: 1. 5. (?) CIG. Sc. No. 39.

אבנבעל N. p. m. Abinuba'al (unser Vater ist Ba'al): C. 53. 5.

אבסת Absit, die aegyptische Göttin Bast (?) in nomm. compos.: עבדאבסת, פ.עלאבסת.

אבעד N. p. m.: Vog. Int. ph. No. 14. (= Levy: S. & G. p. 28. No. 13. s. dtss.)

אבעל N. p. m., verkürzt aus אבבעל: 405. 4. u. so zu ergänzen 73. 2. 'עב.

אבקם N. p. m. Abikam, (der Vater hat sich erhoben), (vgl. hbr. אחיקם): 105. 106. 1. (nach der Transcription von Sayce bei D. 1. 2.), D. 46. 1.

אברכת N. p. f.: C. 97. 3.

אגנן Umhegung, Hof: 165. 11. צפר אגנן Hausvogel.

אד Name einer Gottheit (?), vgl. nom. compos. mit diesem Worte יתן אד

אדא N. p. m.: 426. 2.

אדיל Idjal, Idalion auf Cypern: 10.2. (bis) 11.1. 2. 20. 88.2. 90.1. 2. (bis) 92.1. Tam. 1.6. 2.3. Idal. 7 (3 mal).

אדלן Nach Halévys Vermuthung gleich εἴδωλον; jedoch wahrscheinlich in אד und לן zu zerlegen, analog zur Parallelstelle in CIS. 3.5. אד ist noch unerklärt: Sid. 3.4. (bis).

אדם Mensch, Mann: 1.11. 15. 3,4. 7. 10. 20. 165.14. 169. Sid. 3.3. oft im Gegensatze zu fürstlichen Persönlichkeiten, so besonders 1. und 3. Plur. אדמם: 3.6. 11. 22. 86. A. 5. 165.16. 17. Ath. 9.4. 7.

אדם Name einer Gottheit (?) im nom. comp. עבדאדם.

אדן (= hbr. אָדוֹן) Herr. 1) als Bezeichnung eines Gottes, des אשמן: 16b. 23. 143.1.; des חמן בעל: 138.1. 147.2–3. und auf den meisten carthagischen Inschriften; des בעללבן: 5 C. II.; des בעל שמם: 7.1. 7. 139. 1.; des מלקרת: 88.3.; des רשף חץ: 10.4.; des רשף מבל: 93.5. und sogar der תנת: 401.1. 402.1. und im nom. comp. אשמנאדן und den folgenden. Als fehlerhafte oder abweichende Schreibart kommt vor: עדן: C. 159.2–3. 232.2.; אן: 358.2. C. 146.; דן: 324. 339.2. 348.1. C. 74. 220. 251. 256. — אדני sein H.: 5 C. H. 7.7. 10.4. 14.8. 16b. 23. 88.3. אדננם ihr H.: 93.5. אדנן unser H.: 122.1. 2) als Bezeichnung eines Menschen: אדן מלבם siehe s. v. מלך. אדני: 269. 272. 280. 292.4. אדנם sein H.: 276.2, 293.2. אדנן: 89.2.

אדנאשמן N. p. m Adonešmun (Ešmun ist Herr): 96.2.

אדנבל N. p. m. Adonbel (Bel ist Herr): C. 188.4.

אדנבעל N. p. m. Adonba'al (Ba'al ist Herr): 138.2. 149.1. (mit der lateinischen Umschrift: Idnibal). 179.6. 188.2. 196.5. 198.3—4. 209.4. 210.2. 213.3. 215.3. 230.4. 237.6, 297.3—4. 300.3. 4. 367.4—5. 369.5. 370.3. 372.3—4. 373.3. 377.3. 387.4. 399.3. 422.1—2. Tyr. 3.

אדני Adonis (?) im nom. comp. עבראדני.

אדנישמש N. p. m. Adonšemeš (der Sonnengott ist Herr): 88.4. 6. beide mal unvollständig, lassen sich aber durch einander ergänzen.

אדר im Hiphil verherrlichen. Partic. מאדרם: 3.16. 17.

אדר mächtig: 3.9. 118. 132.4. Mas. 6. 118 als Attribut des Gottes אסן. In Zusammensetzung siehe die folgenden nomm. compos. Fem. אדרת: 255.3. (als Attribut der עשירת). 3.19: weit, ausgebreitet.

אדרבעל N. p. m. Addirba'al, lat. Adherbal (Ba'al ist mächtig): 157.1. 171.8. 216.5. 7—8. 234.5. 242.4. 262.2—3. 268.4. 372.4—5. 399.5—6, ; 399.4. findet sich dafür irrthümlich אירבעל. 351.3. abweichend עדרבעל.

אדרמלך N. p. m. (Milk ist mächtig): C. 134.4.

אהלבעל N. p. m. Oholiba'al (Ba'al ist [mein] Zelt): 54.

אהלמלך N. p. m. Oholimilk (Milk ist [mein] Zelt): 50.2.

או siehe s. v. ן.

אזבל vom St. זבל erheben, aufrichten, nach andern: beiwohnen, im nom. comp. בעלאזבל.

אזר umgürten, schützen. siehe s. v. אם II. und im folgenden.

אזרבעל N. p. m. Azarba'al (den Ba'al gürtet, vielleicht auch gleich עזרבעל) : 158.3—4.

אח Bruder, אחי sein Br.: 122.2. In Zusammensetzung bei Eigennamen wird das א meistens abgeworfen. vgl. unten: היתם, המלך, חמלכת, הרם, חמנבת, המלר (?).

אחד einer: 165.3. 7. 11. 12. 17. 167.7.

אחמם N. p. m. Aḥmes, gr. Amasis: 111.1.

אחר ein Anderer; davon wahrscheinlich Derivativ אחרי der Rest: 165.4. 8. 10. Mas. 9.

אחת (hebr. אָחוֹת) Schwester wirft in Zusammensetzung bei Eigennamen das א meistentheils ab; vgl. das folgende אחתמלך und weiter unten : התנת, התמלקרת, התמלכת, התמלך.

אחתמלך N. p. f. Aḥotmilk (Schwester des Milk); auf einem Siegelsteine: Vog. Int. ph. No. 6.

אי nicht: 3.5. Sid. 3.4. (bis), und verstärkt איבל: 165.18. 21. 167.11.

אִי Insel, in Zusammensetzungen bei Inselnamen, oft mit abgeworfenem א vgl. איבשם und יבשם, אינגם. אירנם und ירנם, ינר, ירש.

איבשם Ebusi (nach Movers bedeutet es: Fichteninsel): Münzlegende bei Ges. mon. t. 39. XIII. mit abgeworfenem א: יבשם: 266.3—4.

איל (hebr. אַיָל) Hirsch.: 165.5. 9. 167.5. איל צרב vergl. s. v. צרב.

אינגם Enosim (Habichtinsel): 139.1.

אירנם Cossura: Münzlegende bei Ges. mon. tab. 39. XIII. A-C. vgl. CJS. p. 181. mit abgeworfenem א: ירנם: 265.3.

אית (hbr. את). Zeichen des Accusativ: 1.8. 15. 3.4. 5. 7. 10. 11. 15. 16. 19. 21. 4.4. 7.3. 86 A.4. 175.1. Sid. 3.3.

אביפח wahrscheinlich N. p. m.: 362.2.

אבלין N. p. m. lat. u. griech. Umschrift Cleon: 143.1.

אל (hbr. אֵל) Gott. אל חמן (Beiname der Gottheit מלבעשתרת): 8.1. Mas.4. אלי seinem G.: 90.1. 94.4.; einem weibl. Götternamen (עשתרת) vorgesetzt: 4.5. Plur. אלם: 119.2. 165.13. 16. 167.8. 193.3. 227.4. 257.4. 258.4—5. 259.3. 260.3—4. 261.4—5. 262.2—3. 377.4. 6. 378.3. Ath. 9.2.3.5.8. und auf e. Siegelstein bei Vog. Mélanges d'arch. or. p. 81. In der Bedeutung: Magistratspersonen: Maʿsûb 2. — Mit dem sing. אל zusammengesetzte nomm. pr. siehe im folgenden und Mit dem pl. אלם zusammengesetzte: תמבאל, עינאל, מתנאל, ינאל, עבדאלם, מתנאלם, בלבאלם.

אל (hbr. אַל) Negation beim Verbot: 3.4. 5. 6. 8. 11. 20. 21. 22. Sid. 3.3. (ver-(doppelt)4. 5. (verdoppelt). 6. 7.

אל (hbr. אֵלֶּה) pron. dem. plur. diese, dem Substantiv nachgesetzt, einmal mit dem Artikel: 93.3. הָאֵל. ohne denselben: 3.22. 14.5.

אלאמן N. p. m. Elʿaman (Gott hat aufrecht erhalten): Vog. Int. ph. No. 7.

אלברך N. p. m. Elberech (Gott hat gesegnet): Vog. ibd. No. 10.

אלהיתם siehe s. v. רשף אלהיתם.

אלחמן siehe s. v. אל.

אלחנן N. p. m. Elhanan (Gott hat begünstigt): Vog. Int. ph. No. 11.

אלית siehe s. v. רשף אלית.

אלל?: 360.4. auf einen Eigennamen folgend, wo gewöhnlich Titel oder Stand angegeben wird; vielleicht auch: 361.5.

אלמת Wittwenschaft: 3.3. 13. בן אלמת Sohn der Wittwenschaft d. h. einsamer.

אלן Gott alleinstehend nur im plural. אלבם: 1.10. 3.9. 16. 22. אלן (pl. cstr.)

3.18. 86 A.3. B.3. Ma'sûb. 7.; der sing. in Zusammensetzung im nom. pr. יְהוֹאָלִן.

אֶלְעַם N. p. m. Eli'am (vgl. hbr. אֱלִיעָם) (Gott des Volkes ?): 147.6.

אֶלֶף Rind: 165.3.

אֶלְפַעַל N. p. m. Elpa'al (Gott hat vollbracht), König von Gebal, auf einer Münze von Gebal bei V. Head p. 668.

אֶלִק (?) N. p. m. Münzlegende bei de L. Satr. pl. XVI. 48.

אֶלְרָם N. p. m. Elram (Gott ist erhaben): CIG. Sc. No. 25.

אֵלָה Femin. von אֵל, aber Eigenname einer Göttin, da von Priestern der אֵלָח die Rede ist. Allat: 243.4. 244.4.

אֵם (hbr. אֵם) I. Mutter: 195.1. 380.4. (beide Mal Ehrentitel der Göttin Tanit: לְאֵם לְרַבַּת לְתִנִת). אִמִּי meine M.: 3.14.

II. als Eigenname einer Göttin: הָאוֹזֶרֶת אֵם die umgürtende, schützende Mutter: 13.3.

III. Mutterstadt: auf Münzen von Tyrus: Ges. mon. t. 34. I., von Sidon: Ges. mon. t. 34. II. u. von Laodicäa: Ges. mon. t. 35. IV.

אֵם in nomm. compos. siehe weiter unten.

אִם (hbr. אִם) wenn: 1.13. 3.6. 10. 11. 165.11. Sid. 3.6. oder: 3.7. 10. 165.9. 15.

אִם־אִם sei es, dass. — oder dass.: 165.3. 5. 7. 9. 11. 12. 167.5.

אַמָּא Name einer Göttin Amma (Mutter): 177. Nach dem Etymologicum magnum (s. v. Ἀμμά) ist sie der Rhea gleich zu achten.

אֲמֶשְׁמֻן N. p. f. Amešmun, wohl gleich אֲמַתְשְׁמֻן (Magd des Ešmun): Sainte-Marie 1960 (angeführt CJS. p. 17).

אָמַן stützen, aufrechthalten im nom. comp. אֶלְאָמָן.

אֲמַנְּבָא N. p. m. Am'n-Necho: Gemmeninschr. bei Ges. mon. t. 28. LXVIIter. (vgl. Levy. S. u. G. No. 21).

אֲמֹעַשְׁתֶּרֶת N. p. f. Am'aštoret (nicht: der 'Aštoret Mutter ist, da auch אֲמַשְׁמֻן vorkömmt (s. o.) sondern gleich אֲמַתְעַשְׁתֶּרֶת Magd der 'A.): 3.14. 253.3. 263.3. C. 26.3—4. Fehlerhaft אֲמֹשְׁתֶּרֶת: 417.3—4. und עֲמֹשְׁתֶּרֶת: 302.3—4.

אֲמִקְלִי (?): 397 von der übrigen Inschr. getrennt, inmitten des Bildes der Gottheit.

אָמַר sagen: 3.2. דַּבֵּר לֵאמֹר.

אִמֵּר Schaf: 165.9.

אֲמֹשְׁתֶּרֶת siehe s. v. אֲמֹעַשְׁתֶּרֶת.

אָמַת Magd: 378.3. אֲמַת אֵלִם Magd der Götter. Nomm. comp. mit

אמה siehe die folgenden und vgl. oben s. v. אמיאשמן u. אמעשתרת.
u. mit Abwerfung des א: מתבעל, מתמלקרת, מתפמי.

אמתאסר N. p. f. Amatosir (Magd des Osiris): 93.2.

אמתבעל N. p. f. Amatba'al (Magd des Ba'al): 395.3. eher jedoch מתבעל zu lesen, indem man das א zum vorhergehenden Verb. zieht.

אמתמלקרת N. p. f. Amatmelqart (Magd des Melqart): C. 153.4—5. 359.3—4. (an letzter Stelle folgt irrthümlich בן statt בת, während das Verbum richtig im Femin. steht).

אמתעשתרת N. p. f. Amat'aštoret (Magd der 'Aštoret): 46.3. 321.2. עמתאשתרת: 387.3.

אן Ortsname: 102a2. אן מצרם On Aegyptens d. i. Heliopolis.

אנך ich: 1.1. 2. 3. 6. 12. 3.3. 12. 13. 46.1. 56. 57.1. und sonst noch oft. plene geschrieben אנכי: 103c. 104. 107. D. 34.

אנחן wir: 3.12. (?) 16. 17.

אנן N. p. m. Anan: 309.2.

אנן Eunos (?) in Sicilien: Münzlegende bei Ges. mon. t. 40. XIV.

אנחתן N. p. m. Anathen, gleich עןחתן (Anat ist gnädig): Hadr. 7.3.

אס Isis im nom. comp. עבדאם u. gekürzt עבדם.

אסבן Name eines Gottes Askun: 118. לאסבן אדר Askun dem Mächtigen. Er wird dem griech. Hermes gleichgesetzt. In nomm. comp. fällt das א, das hier nur prosthetisch ist, ab. s. s. v. סבן.

אספה (hbr. אֲסָפָה) Versammlung: Ath. 9.1. בן אספה die Mitglieder der Versammlung.

אספף N. p. f. in gr. Umschrift Ασεπτη: 119.1.

אסר Osiris in nomm. comp. siehe die folgenden und אמתאסר, מלכאסר, עבדאסר.

אסרבדיל N. p. m.: 52.2. (ס und ד unleserlich).

אסרשמר N. p. m.: Osiršamar (Osiris hat behütet): 122.2. 3. Vater und Sohn gleichen Namens.[1]) Dieser Name lautet in griech. Umschrift: Σαραπιων, während in derselben Inschrift עבדאסר durch Διονυσιος wiedergegeben wird.

אף auch: 3.6. 169.

---

[1]) Vater und Sohn gleichen Namens kommen in unsern Inschriften nur sehr selten vor; ausser im obigen Falle nur noch je einmal bei den Namen ברעשתרת und עברשמן.

אפאן Hippo an der nord-afrikanischen Küste: Münzlegende bei Ges. mon. t. 34. II.

אפצם N. p. m.: 106. (פ zweifelhaft).

אפתבנ Ortsname (?): 310.4.

ארבע vier: 3.1. 89.1.

ארבעי der vierte: 166B1.

ארנ Weber: 344.3.

ארום (?): 10.3. ארום אשנם zwei ...? Sachen, die gleichzeitig mit einem Altar der Gottheit geweiht worden sind.

ארה geleiten. Davon מארה der Geleiter, Beiname des Eśmun: 143.1.

ארך lang sein. Hiph.: verlängern. האריך (3 fem. sg. Hiph.): 1.9.

ארך (hebr. אָרֵךְ) lang: 140. Beiname der ʻAśtoret, vollständiger 135.1.

ארך הים langlebend, vgl. s. v. אָרְבִתה.

ארך Eryx auf Sicilien: auf einer Münze. CJS. p. 173.¹)

ארך (?): 67.1—2. 3—4. wahrscheinlich den Stand der dabei genannten Personen bezeichnend.

אָרְבִתה N. p. m. Erechruah (der Langlebende oder Langmüthige): 97.2.

אַרְבתא N. p. m. Archytas (?): 58.4.

ארמי N. p. m. Arami (Aramäer): 109, deutlicher in der Transcription von Sayce bei D. 19.

ארמלך N. p. m. Urmilk (Feuer, Flamme des Milk), König von Gebal: 1.1. Auch in den Keilinschriften ist ein Urumilki von Gebal aufgefunden worden.

ארן (hebr. אָרֹן) Schrein, Sarg: 135.1. (?). Sid. 3.2. 3. 5. Pl. ארנת: 326.3. (?).

ארסנבם N. p. f. Arsinoe, wovon hier einfach der gen. Arsinoes transcribirt ist: 93.2. ארסנאם פלאדלף Arsinoes Philadelphi, und Mas. 7.

ארץ Land: 1.10. 3.16. 18. ארץ יֽ Küstenland. 20. 4.4. Mas. 10. ארצה (cstr. sg. oder pl.): 3.19. ארצת auf carthag. Münzen bei Ges. mon. t. 38. XI. und Ugdulena, sulle mon. Pun. Sic. t. 1. 2. II. 29.

ארש I. N. p. m.: 132.4. 193.1—2. 196.3. 248.3. 249.4. 258.3. 292.3. 299.4. 301.5—6. 315.4. 316. 322.3. 325.4. 326.2. 328.2—3. 338.2. 342.3. 344.3. 356.2. 358.3. 360.2—3. 392.3 397.3. 404.2. 410.5. 424.2. 425.1—2.

¹) Der Name dieses Ortes ארך scheint aus dem Beinamen der ʻAśtoret: ארך הים und verkürzt ארך, die daselbst ihre Cultusstätte hatte, entstanden zu sein.

אָרשׁ II. Name einer Gottheit (?) im nom. comp. עבדאָרשׁ.
אַרשׁא N. p. m.: 354.
אַרשׁם N. p. m. Arišim: 249.4. 258.4. 317.3. 353.3. 385.3. 431.3.
אַרשׁף Name eines Gottes: Aršuf, der dem Apollo gleichgesetzt wird. Dieser Name hat sich noch bis heute erhalten in der phoenicischen Stadt Aršuf = Ἀπολλωνία. In unsern Inschr. kommt er jedoch in dieser Form nur vor: 251.2. und im nom. comp. עבדאָרשׁף. Sonst finden wir ihn noch in der verkürzten Form רשׁף und zwar immer mit einer näheren Bezeichnung (siehe s. v. רשׁף).
אָרשׁת N. p. f. Arisat (Verlobte): 283.3. 307.3. 383.2. C. 33.2. 37.4. 188.3. 223.3. und öfters. עֲרשׁת: 401.3. In Zusammensetzung siehe die folgenden und בעלאָרשׁת.
אָרשׁתבעל N. p. m. (!?) Arisatbaʿal, auf einer Inschrift im Musée Saint-Louis III. Serie. No. 41 (angeführt CJS. p. 425).
אָרשׁתבעל N. p. f. Arisatbaʿal (Verlobte des Baʿal): 304.4—5. C. 175.3—4. ' 206.3—4. עֲרשׁתבעל: 414.3.
אשׁ Mann. Bürger: אשׁ כתי Bürger von Citium: 117.2. אשׁ צדן Bürger von Sidon: 269.3. 272.3. 273.4. 275.4. 277.2. 278.3—4. 291.4. 292.3. 293.2. Auf ein n. p. fem. folgend: Bürgerin von Sidon: 281.3—4. und wahrscheinlich auch: 279, 280. — אשׁ אלם: auf e. Siegelsteine von Tyrus bei Vog. Mél. p. 81. אשׁ עין Angesichts jedermanns: Ath. 9.5. — im nom. comp. אשׁתנת. — Plur. אשׁם: 86. A. 9. B. 7. 175.1. — Pl. estr. אשׁ: 93.2. 263.4.
אשׁ Vielleicht gleich אם Isis, in Zusammensetzung im nom. comp. פעלאשׁ (?).
אשׁ pron. rel. für alle drei Geschlechter: 1.2. 4. 5. 6. 11. 3.4. 7. 9. 10. 17. 19. 7.1. 8.2. und sonst noch sehr oft. עי: 387.2.
אשׁרנת N. p. f.: 232.4. (vgl. s. v. רנת).
אשׁלבם siehe s. v. שׁלבם.
אשׁמן Name eines Gottes Ešmun: 3.17. 73.1. und 252.4—5. so zu ergänzen. לאשׁמן אדני: 42.1—2. 43. 44.1. mit dem Beinamen מארח (lat. Umschrift Aescolapio Merre, griech Ἀσκληπιῷ Μηρρη): 143.1. In Zusammensetzung siehe die folgenden nomm. comp. sowie עבדאשׁמן und יגראשׁמן, בדאשׁמן, אמאשׁמן, אדנאשׁמן.
אשׁמן N. p. m. Ešmun D. 15.[1])

---

[1]) Sonstige uns bekannte Götternamen, welche ohne weitern Zusatz als Personennamen gebraucht werden, sind: מנקת, מלקרת, מלך, חר, und צד.

אשמנאדן N. p. m. Ešmunadon (E. ist Herr): 10.4. 93.3. 4. 94.3. 4. 100b.
אשמנחלץ N. p. m. Ešmunḥilles (E. hat gerettet): 168.2. 243. 381.2. 407.3. C. 90.3. 4—5. 367.5—6. אשמנחל: 71.
אשמניעד N. p. m. (Ešmunjaʻad (E. hat bestimmt): 164.'
אשמניתן N. p. m. Ešmunjatan (E. hat gegeben): 52.1. 113.1. 269.4. 388.4. C. 219.5.
אשמנמלקרת Name einer Gottheit Ešmunmelqart, entstanden durch Verschmelzung der Attribute des Ešmun und des Melqart zu einem Gottesbegriff[1]): 16b. 23. 24. und danach gewiss auch zu ergänzen: 25. 26. 27. 28.
אשמנעזר N. p. m. Ešmunʻazar (E. hat unterstützt). 1) 47.5. 70. 2) König von Sidon: 3.1. 2. 13. 14. 15. Sid. 3.2.
אשמנעמס N. p. m. Ešmunʻamas (E. hat getragen): 139.2. C. 143.3—4. und 291.6. (cf. hbr. עמסיה).
אשמנעשתרת Name einer Gottheit, Ešmunʻaštoret, entstanden durch Verschmelzung der Attribute des Ešmun und der Astarte: 245.3—4. [2])
אשמנצלח N. p. m. Ešmunṣilleḥ (E. hat beglückt): 60.2. 119.2.
אשמנשלך N. p. m. Ešmunšillech (E. hat frei geschickt?): 50.1. 197.4.
אשמנשלם N. p. m. Ešmunšillem (E. hat vergolten): 119.1. mit der griech. Umschrift Σημσελημος.
אשמנשמר N. p. m. Ešmunšamar (E. hat behütet): C. 23.4.
אשף N. p. m.: D. 29. 30.
אשקלני u. ethn. Askalonier: 115.1.
אשרשלח N. p. m. wohl gleich אסרשלח Osiršilleḥ (Osiris hat frei geschickt): 65.1—2.
אשרת Nach Clermont-Ganneau: Name einer Ortschaft, Achera; nach Halévy, der es mit dem ass. ešritu vergleicht: Heiligthum: Mas. 4.
אשת Frau, Gattin: 11.2. 47.2. 64.1. 158.2—3. 385.3. 415.3. auf einem Siegel bei Vogüé, Int. ph. No. 6. C. 162.3. עשת: 232.4. אשתי meine Frau: 40.2. 46.1—2.

---

[1]) Ebenso צדמלקרת. Vereinigung der Attribute eines Gottes und einer Göttin zu einem Gottesbegriff finden wir in אשמנעשתרת, מלכבעשתרת und צדתנת.

[2]) Vgl. vorige Anm.

אִשְׁתַּנִּית N. p. m. Ištanit (Mann der Tanit): C. 227.3.
אשתרחיתן siehe s. v. עְשְׁתַּרְחִיתָן.
אשתת siehe s. v. שתת.
את 1) als Zeichen des Accus. nur 1.3. 7. (nach dem Verbum קרא. während sonst auch in dieser Inschr. (Z. 8. 15.) אית steht). 2) bei, mit: 3.4. 8. 9. 20. 91.2. Sid. 3.3. 8. Ath. 9.8.
אתנם Monatsname Etanim (hbr. יֶרַח הָאֵיתָנִים) (Monat der fliessenden Bäche). der VII. Monat = תשרי: 86 A. 1. 2. Tam. 1.4.
אתש N. p. m. 139.3.
.... א: 165.12. Name einer Geldmünze. Ewald will אגרת ergänzen, das I Sam. 2.36. = גרה vorkommt.

ב

ב Praepos. 1) örtlich: in, an, bei: 1.4. 3.3. 4. 6. 7. und öfters auf zahlreichen andern Inschriften. 2) zeitlich: 3.1. בשנת .... בירח 4.1. 7.4. 10.1. 11.1. 13.1. und sonst oft. 3) für: 165 öfters z. B. בעגל für ein Kalb, באלף. 167.7. 4) unter בחים unter den Lebenden: 3.12. 58.1. 59.1. 116.1. 5) Vor dem Infinitiv, einen Zustand bezeichnend, durch eine Conjunction zu übersetzen: בכלתי bei seiner Vollendung, als es vollendet war: 124.2. mit Suffix: בן bei mir oder in ihm: 3.5. (bis).
ב Nach Clermont-Ganneau eine Ordnungszahl „No. 2."׃ CIG. Sc. No. 39.
באם siehe folgendes Wort.
באטמטמא: 165.5. Die verschiedenen Theilungen und Deutungen dieser Zeichen siehe CJS. p. 231 ff. Einigermassen zufriedenstellendes ist bis heute noch nicht gegeben.
בבעל Name der Stadt Bulla (in Zeugitanien): auf einer Münze bei Müller III. p. 57.
בד (hbr. בְּיַד) durch: 87.1. 3. 269.3. 270.2. 272.3. 275.4. 276.3. 279.4. 280.4. 282.3. 283.3. 284.4. 285.3. 286.3. 289.5. 290.4. 292.4. 293.2. Ath. 9. 1.

בד (hbr. בַּדִּים) Geschwätz, בדנם ihr Geschwätz: 3.6.

בד Abzweigung, Glied, in den folgenden nomm. compos.[1])

ברא N. p. m. Bodo: 10.3. 13.2. 3. 102.c. 230.5. 288.3. C. 38. 252.3. 260.6. 281.4

בראשמן N. p. m. Bodešmun: 57.3. 154.1. 165.2. 19.

בדבעל N. p. m. Bodbaʻal: 271.3. 413.3.

בדיל (?) In Zusammensetzung mit אסר im n. pr. אסרבדיל.

בדמלך N. p. m. Bodmilk: 124.4. Fehlerhaft בנמלך: D. 15.

בדמלקרת N. p. m. Bodmelqart: 139.2. 170.1. 181.3. 199.4—5. 200.3.

[1]) בד in theophoren Eigennamen wurde früher beinahe allgemein für gleichbedeutend gehalten mit עבד, woraus es verkürzt sein sollte. Noch das C. J. S. übersetzt es so, wenn auch nur in Ermangelung einer bessern Erklärung. Gegen diese Gleichsetzung von בד und עבד spricht, dass beide Formen nicht etwa zu verschiedenen Zeiten oder an verschiedenen Orten, sondern gleichzeitig, ja oft auf einer und derselben Inschrift vorkommen (worauf auch Hoffmann, Abhdl. d. kngl. Ges. d. Wiss. zu Göttingen, Mai 1889 verweist). Sehr oft finden wir sogar בדמלקרת בן עבדמלקרת oder umgekehrt, während wir sonst, trotzdem die meisten unserer Inschriften hauptsächlich aus genealogischen Aufzählungen bestehen, nur drei Inschriften finden, auf welchen der Sohn denselben Namen trägt wie der Vater (vgl. s. v. אסרשמר Anm.), und wir dies daher als Ausnahmefälle betrachten können. Einen weitern Grund führt Nöldeke dagegen an (ZDMG. XLII. p. 486), indem er den Uebergang der mit עבד zusammengesetzten Namen, die in Transcription Abd— lauten, in solche mit בד, die durch Bod— umschrieben werden, schon aus lautlichen Gründen für unstatthaft erklärt. Hoffmann (a. a. O.) hält daher בד für Praepos. בְּדֵי für, was jedoch wohl kaum anzunehmen ist. Auf eine mir passender scheinende Erklärung bin ich durch Halévy gekommen. Dieser übersetzt nämlich (rev. des études juives, janv.-mars 88. p. 140f.) die Worte בד צדנם in der ersten Zeile von Ath. 9. durch Gemeindeverwalter der Sidonier, indem er בד als St. estr. plur. von בד Zweig, Glied hält. Nun kann ich wohl zur Stelle dieser ziemlich gezwungenen Erklärung nicht beipflichten, glaube aber dass an unserer Stelle wir בד wirklich für das hebräische בַּד Abzweigung, Sprössling, Glied halten können. Dass diese Anschauung, die dahinführt, jemanden Sprössling oder Glied eines Gottes zu nennen, für den Phönicier nichts fremdartiges hatte, beweisen Namen wie אבבעל, אחתמלקרת, חמלך u. dgl., wo der Gott: Vater des Menschen, der Mensch: Bruder oder Schwester des Gottes genannt wird.

201.4. 203.3—4. 208.4—5. 209.2. 220.4. 234.2—3. 238.2. 243.3. 289.6—7. 300.4. 324.2. 380.2—3. 399.4—5. 401.4. 424.2—3. und einige Male unvollständig.

בדמנקצת N. p. m. Bodmenqesat: 102a2. nach der Transcription von Sayce. bei D. 36.

בדעשתרת N. p. m. Bod'aštoret: 4.2. 3. 135.6. 171.8. 175.2. 179.2. 182.2. 185.3. 4—5. 187.4. 190.2. 215.4. 220.3. 5. 229.4—5. 238.3. 242.3. 246.4—5. 247.3. 254.2. 3. 266.2—3. 297.2—3. 299.3. 307.4. 326.3. 327.3. 330.3. 338.3. 339.3. 355.1. 359.3. 4. 370.4. 6. 380.1—2. 3. 390.3. 418.5—6. und sonst noch unvollständig. C. 127 führen Vater und Sohn den gleichen Namen בדעשתרת.[1]) Irrthümlich בדבשתרת: 250.4.

בדץ (?) dem Zusammenhang nach muss es bedeuten: über etwas hinaus: 165.20.

בדצפן N. p. m. Bodsafon: 108.

בדתנת N. p. m. Bodtanit: 165.1.

בוץ Byssus: 166 A.6.

בונתי Byzanz. בעלת בונתי (griech. *Βυζαντια*) Bürgerin von B.: 120.

בבא N. p. m. bei Vog. Int. ph. No. 4 wahrscheinlich jedoch בבאל zu lesen.

בל Negation. בל יבן es möge nicht sein: 165.15. 167.6. בל עלם איש welche nicht dargebracht werden: 170.2. 3. בל עתי vor meiner Zeit: 3.3. 12. es dient auch zur Verstärkung der Negation אי siehe s. v. אבל und אי.

בל (hebr. בּוּל) Name des achten Monats Bul (Erzeugniss): 3.1. 10.1. 90.2.

בל assyrische Namensform des בעל Bel: Vog. Int. ph. No. 22 und CIG. Sc. No. 19. (?) und in den nomm. comp. ארנבל, יתנבל und עבדבל.

בלא N. p. m.: 132.7.

בלל (von בלל übergiessen, mischen). eine Opfergattung, wohl eine Mischung von Mehl und Oel (vgl. Exod. 29.40. סלת בלול בשמן): 165.14. und danach zu ergänzen: 166 A.2. 7.

בלת (hbr. בִּלְתִּי) ausser: Sid. 3.5.

בם N. p. m.: 72.2.

בן Sohn: 1.1. 3.3. 8. 12. 13. 7.2. 9. 10.2. 3. 4. 12. 13.2. 14.3. 7. und sonst noch sehr oft; einmal in figürlichem Sinne mit dem Genitiv der Eigenschaft oder des Zustandes: בן אלמנה Sohn der Wittwenschaft,

---

[1]) Vgl. s. v. אסרשמר Anm.

der Einsamkeit d. h. Einsamer. Statt dessen kommt einige Male auch בן vor: 112bl. cl. c2. D. 11. 14. 17. ב ‒ בן: 192.2. 393.3. בני sein Sohn: 8.2. 171.6. Plur. בנם: 178. Pl. cstr בן: 88.6. 93.4. 122.3. 175.2. אספח בן Mitglieder der Versammlung: Ath. 9.1. בן Sohnes, Sohn, Enkel. ist aber nicht als ein Wort aufzufassen, und sicher auf den unmittelbar davorstehenden Namen zu beziehen, wie aus 372 zu ersehen: 1.1. 3.14. 372.5. 391.3. 392.3. בן בנא der Sohn seines Sohnes, sein Enkel: 254.4. (wenn nicht, was mir wahrscheinlicher dünkt, בנא hier Nom. pr. ist.) בני בן die Söhne seines Sohnes, seine Enkel: 93.4.

בנא N. p. m.: 275.4. 304.5‒6. und 254.4. vgl. s. v. בן (gegen Ende).

בנה erbauen. Perfect: 3 sg. בן: 4.3. Ath. 9.3. 1 sg. בנת: 3.4. 7.4. 3. pl. בן: 86 A.4. Mas. 2. 1. pl. בן: 3.15. 17. Partic. masc. pl. בנם die Erbauer: 86 A.4.

בנחדש N. p. m. Benḥodeš (Sohn des Neumonds): 47.3‒4. 117.1. (in der griech. Beischrift Νουμηνιος). 118. Tam. 1.2. (in der kyprischen Beischr. Νουμηνιων (gen.)).

בסאן Ueberrest einer in Bosa gefundenen Inschrift, worin jedenfalls der Name Bosa enthalten ist: 162.

בע für בעל im nom. comp. ברבבע.

בעל 1) Herr הזבח בעל der Eigenthümer des Opfers, der Opfernde: 165.4. 8. 10. 21. 167.2. 3. 2) Bürger: 309.3. 3) als Bezeichnung von Gottheiten: Baal, Herr, Herrscher בעל צדן Baal von Sidon: 3.18. Ath. 9.6. צר בעל Herrscher von Tyrus als Beiname des מלקרת: 122.1. בעל ימם Tagesgottheiten?: 86 B.4. בעל שם Beiname der עשתרת: 3.18. בעל פן Beiname der תנת, auf den meisten carthagischen Inschr.; einmal בל פן: 391.1. einmal פן: 401.1. Nomm. comp. mit בעל siehe die folgenden und אהלבעל, אדרבעל, אדנבעל, אבעל, אבנבעל, אביבעל, אבבעל, חלצבעל, בתבעל, ברבבעל, בדעל, ארשתבעל, אמתבעל, אורבעל, יתבעל, ישבעל, יתנבעל, יחרבעל, חפצבעל, חננבעל, הנבעל, עדרבעל, עבדבעל, מתנבעל, מתבעל, מלבבעל, מהרבעל, יתנבעל, צדמבעל, עשתרבעל, עשתבעל, עמתבעל, עמתבעל,עשתרבעל, עורבעל, עובל, שפטבעל. שמרבעל, שמעבעל, שהרבעל, רמבעל, צפנבעל,

בעלאזבל N. p. f. Ba'alisebel (cf. n. hbr. איזבל) (Baal hat erhoben oder beigewohnt): 158.2‒3.

בעלארשת N. p. m. (!?) (vgl. ארשתבעל als u. p. m.): 390.4.

בעלגד N. p. m. Baʿalgad (Gad ist Herr): 107 (nach der Transcr. von Sayce bei D. 31).

בעלהלץ N. p. m. Baʿalḥilleṣ (Baʿal hat gerettet): C. 104.

בעלהמן Name eines Gottes: Baʿalḥammon: 123.3—4. 138.1. 147.3. und fast auf allen carthag. Inschriften. Abweichende Schreibungen: בעל חמן (dass מ bei der Silbenbrechung verdoppelt wegen des Dageš). בהלמן: 221.3. בעלחלמן: 234. verkürzt בעל: 212.2.

בעלהנא N. p. m. Baʿalḥanno: 139.1—2. 171.3. 5. 177. 185.4. 222.3. 229.5—6. 250.3. 257.3. 269.2—3. 270.2. 276.4. 279.5. 284.5. 285.3. 314.3. 324.3. 345.2. 347.5. 385.4. 397.3. 404.2. 422.3.

בעלחנת N. p. m. Baʿalḥanat: 52.2.

בעלי N. p. m. Baʿali: 223.5. und so zu ergänzen: 224.4.

בעליהן N. p. m. Baʿaljahon (vielleicht gleich dem folgenden בעליחן): 261.4. und Sainte-Marie No. 124 (angeführt CJS. p. 339).

בעליחן N. p. m. Baʿaljaḥon (Baal hat begünstigt): 102 b. (vollständig transcribirt von Sayce bei D. 37).

בעלילי N. p. m. 103 b ist nach der Transcr. von Sayce (bei D. 22) בעליהן zu lesen.

בעליתן N. p. m. Baʿaljatan (Baʿal hat gegeben): 78.1. 103 b (cf. s. v. בעלילי) 118. 148. 180.4. 236.4—5. 259.2. 298.4. 321.3. 323.4. 376.3. 386.3. 392.3. 405.3. 421.4. auf einem Siegelstein bei Vog. Mél. p. 81. und einige Male unvollständig.

בעללבן Name eines Gottes Baʿal-Libanon: 5 B. II.

בעלמלאך N. p. m. Baʿalmalʾach: 182.2—3. 218.3. C. 29 und Sainte-Marie Nis. 960. 1328. 1511. 1627. 1992 (angeführt CJS. p. 291).

בעלמלך N. p. M. Baʿalmelech (Baʿal ist König), König von Citium: Idal. 7 (bis), auf Münzen: de L. Satr. pl. XIV. 22—26, abgekürzt in לך: XIV. 31. in בך: XIV. 32 — XV. 34. ferner in rev. num. 1883. p. 324 ff.

בעלמרפא Name eines Gottes, Baʿal marpe (Baʿal der Heilende): 41.3.

בעלעזר N. p. m. Baʿalʿazar (Baʿal hat geholfen): 256.2—3. 432. C. 33.6. 58.4. 225. 322.2.

בעלעמס N. p. m. Baʿalʿamas (Baʿal hat getragen): 169.

בעלפדא N. p. m. Baʿalpada (Baʿal hat erlöst): C. 161.5.

בעלפלס N. p. m. Baʿalfilles (Baʿal hat zugeteilt): D. 24.

בעלצדן Name einer Gottheit: siehe s. v. בעל.

בעלצלח N. p. m. Baʿalṣilleḥ (Baʿal hat beglückt): C. 186.5.

בעלרם N. p. m. Baʿalram (Baʿal ist erhaben), Vater des מלכיתן (König von Citium und Idalion): 88.2. 89.2. 90.1. und auf einer Münze von Citium in rev. num. 1884, p. 290.

בעלשלך N. p. m. Baʿalšillech (Baʿal hat frei geschickt?): 132.6. 155.2. 170.1. 178. 205.3. 257.4. 286.3. 312.4. 358.3. 363.2–3. 382.3. 414.4.

בעלשלם N. p. m. Baʿalšillem (Baʿal hat vergolten): 95.3. (mit der griech. Beischrift: Πραξιδημος) und 338.3.

בעלשמם Name eines Gottes: Baʿalšamem (Herr des Himmels): 7.1. 7. 379.2. vgl. auch s. v. בעשמם.

בעלשמע N. p. m. Baʿalšamaʿ (Baʿal hat erhört): 87.3.

בעלשמר N. p. m. Baʿalšamar (Baʿal hat behütet): 7.2.

בעלשפט N. p. m. Baʿalšafat (Baʿal hat gerichtet): 297.4–5.

בעלת Herrin, Bürgerin, Einwohnerin von: 120.

בעלת Eigenname einer Göttin, Baʿalat (Herrin), griech. *Βῆλτις*, *Βααλτις*. mit vorhergehendem רבת: בעלת גבל: 1.2. 3. 7. 8. בעלת ההדרת (s. s. v. הדרת): 177.

בעלת N. p. m.: C. 74.3–4.

בעמלקרת N. p. m. Bomelqart (= בעלמלקרת): C. 15.

בענא Name einer Stadt (wo?): Baʿna. Münzlegende bei Ges. mon. t. 37. N. und de L. Satr. pl. V., besser bei Waddington: Mélanges de numismatique (Paris 1861) pl. V. 8.

בעשמם Name eines Gottes, gleich בעלשמם (siehe s. v.): 139.1.

בעת Verzeichniss, Tarif: 167.1. und danach zu ergänzen: 171.7

בקש Piel: suchen. Imprf. 3 sg. masc. יבקש: 3.5.

ברא schneiden, bilden. Das Partic. הברא: 347.4. giebt den Stand der vorhergenannten Person an.

ברזל Eisen. נסך ברזל Eisengiesser: 67.4–5.

ברי N. p. m.: C. 8.2. 181.4.

ברך Piel. segnen. Imprf. 3 sg. masc.: יברך: 10.4. 25. 89.3. 94.5. 96.3. 118. 277.3–4. Tam. 1.6. 2.6. mit Suffix. der 3 pers. sg. masc. יברכא: 138.3. Hadr. 9.4. und יברכי: 296.2.; der 1. pers. sg.: יברכן: 7.8.; der 3 prs. pl. masc. יברכם: 88.7. 93.5. 122.4. 3 sg. fem. תברך: 1.8.; mit Suffix der 3 prs. sg. masc. תברכא: 178. 180.5. 327.5–6.; der 1. prs. plur. תברכן: 418.6. 3. pl. masc. mit Suffix der 3 prs. sg. masc. יברכא: 181.5. 195.4. 271.5. 329.4. 330.4–5.; der 3 prs. fem. sg. יברכא: C. 162.6.; der 3 prs. pl. masc. יברכם: 197.6. Imperat. plur. ברכא

(mit Suffix der 3 prs. sg. masc.): 182.3. 238.3. 242.4. 275.5—6. 321.4.

בר‎ (mit freiem Platze zwischen ר‎ und א‎): C. 67.

ברך‎ in nomm. comp. siehe אלברך‎ und die hier folgenden.

ברך‎ N. p. m. (der Gesegnete oder Er, nämlich Baʿal hat gesegnet): C. 263.2.

ברבבע‎ N. p. m. (für ברבבעל‎); Levy. S. und G. p. 30. No. 16.

ברבבעל‎ N. p. m. Berechbaʿal (Baʿal hat gesegnet), auf einem Siegelsteine bei Vog. Int. ph. No. 21.

ברבנמת‎ N. p. m. (s. s. v. נמת‎): 103a1., nach der Transcription von Sayce bei D. 21.

ברש‎ schneiden, zerschneiden. Das Partic. הברש‎: 348.3. giebt den Stand der vorhergenannten Person an.

בשם‎ Nach Movers zusammengezogen aus ברשם‎ Fichten im Namen der Insel איבשם‎ (siehe s. v.).

בת‎ (hbr. בַּיִת‎) Haus, בת עלם‎ ewiges Haus d. h. Grab: 124.1. Tempel: 3.15. 17. 18. 7.4. 86. A. 4. B. 5. 132.2. 3. 165.1. 247.5. 248.4. 249.4. 250.5. 251.2. 252.4. 253.4. 264.4. Ath. 9.2. 3. 4. 5. Plur. בתם‎ Tempel: 3.17.

בת‎ (hbr. בַּת‎) Tochter: 3.15. 46.3. 47.1. 51.1· 69.2. 93.2. 3. 119.1. 207.3. 216.5. 221.4. 222.2. 228.3. 231.1.253.3. 273.3. 302.4. 304.5. 307.3. 308.4. 349.4. 371.3. 372.3. 375.4. 378.2. 383.2. 385.4. 387.3. 395.4. 401.3. 406.4. 414.4. 417.4. 429.3. und in nomm. comp. siehe die folgenden.

בתבעל‎ N. p. f. Batbaʿal (Tochter des Baʿal): C. 8.1. 65.3—4.

בתיעל‎ (ו unsicher) Name einer Stadt (?). Legende auf einer carthagischen Münze bei Müller II. p. 77, No. 29.

בתנעם‎ N. p. f. Batnoam (Tochter der Anmuth): 69.1.

בתשלם‎ N. p. f. Batšalom (Tochter des Friedens): 93.3.

ג

גבל‎ (hebr. גְּבוּל‎) Grenze: 3.20.

גבל‎ Gebal, Byblus: 1.1. 2. 3. 4. 7. 8. 9. 10. 15. und auf Münzen bei Ges. mon. t. 36. VII. VIII. F. und de L. Satr. pl. XV.

גנפם‎ (?) פעל הגנפם‎ Verfertiger von ....?: 339.4.

גד Name eines Gottes, Gad. nur in nomm. comp. siehe בעלגד und im folgenden.

גדא (hbr. גְּדִי) Böckchen: 165.9.

גדא N. p. m.: 376.4.

גדי N. p. m.: 300.5. C. 68.3.

גדנם N. p. f. Gadnam (vgl. s. v. נם): C. 163.3.

גדנעם N. p. f. Gadnoam (Gad ist gütig (?)): 383.1.

גדנעמת N. p. f. Gadnoamat: 378.2—3.

גדעת N. p. m.: 93.3. Baethgen (der Gott Israels etc. p. 61) erklärt diesen Namen durch Glück des Athe (palmyr. Gott).

גדר Gades. Münzlegende bei Gesen. mon. t. 40. XV. mit Artikel הגדר und אגדר.

גדשד N. p. m.: Vog. Mél. p. 77.

גו Gemeinde: Ath. 9.2. 5. 7. 8.

גול Gaulos, Name einer Insel (heute Gozzo): 132.1. 8.

גזל weggreissen, berauben. Niph. perf. 1 sg. נגזלת ich bin weggerafft worden: 3.2. 12.

גלב (hbr. גַּלָּב) Barbier: 257.4. 258.4—5. 259.3. Plur. גלבם: 86. A. 12.

גלב N. p. m. (Bedtg. wie oben?): 93.5.

גלמת n. ethn. Bewohnerin von Calama?: 204.3.

גר Fremdling. Schutzbefohlener, als N. p. m.: 51.1. und in nomm. comp. (siehe weiter). Plur. גרם: 86. A. 15. B. 10.

גרא N. p. m.: 101. 106.

גרן N. p. m.: 306.3.

גרנש N. p. m.: 405.4. und Sainte—Marie 1946 (angeführt CJS. p. 433).

גרנשם N. p. m.: Sainte—Marie 389. 1541. 1898 (angeführt CJS. p. 433).

גרהבכ N. p. m.: Gerhechal (Schutzbefohlener, Freund des Heiligthums): 112b1, b2.

גרמלך N. p. m. Germilk: (Schutzbefohlener des Milk): 50.2.

גרמלקרת N. p. m. Germelqart: (Schutzbef. des Melqart): 47.2—3. 4. 48. 320.5. C. 175.4—5. 256.2—3.

גרמסכר N. p. m. Germasker (Schutzbefohlener des M.): 267.3. 372.5. C. 152.6.

גרסכן N. p. m. Gersakon (Schutzbefohlener des Sakon): 99.1. 175.2. 192.1—2. 193.1. 210.2. 229.3—4. 359.3. 361.4. 410.4—5. C. 67.5. 74.3. 79. 127.5. 153.6. 155.5. 232.5. 256.2. 302.5.

גרעשתרת N. p. m. Geraštoret (Schutzbefohlener der 'Aštoret): 138.2.

171.1. 175.2. 179.6–7. 234.4. 237.4–5. 240.4. 329.2–3. (so zu ergänzen). 371.4. C. 73.3. 76.3. 109. 110. 151.4. 292.4. 337.3–4. Cl. G. Sc. No. 15. Fehlerhaft גרישתרת: 375.4–5.

גרצד N. p. m. Gerṣad (Schutzbefohlener des Ṣad): 102 a 1.

נשר N. p. m.: 294.3.

ד

דאר Do r a, Stadt am mittelländischen Meere: 3.19.

דבר Piel sprechen. Perf. 3 sg. masc. דבר (mit folgendem לאמר, wie sonst nur im Hebräischen): 3.2. Imprf. 3 pl. mit dem Suff. der 2 pers. sg. ידברנך: 3.6.

דבר Wort, Sache, Handlung: Sid. 3.6. Handlung. דברי seine Worte: 123. a6. und danach zu ergänzen 123 b 6.

דג Getreide. ארצת דגן Getreideland: 3.19.

דל arm. דל מקנא arm an Vieh, דל צפר arm an Geflügel: 165.15. 167.6. דל פעמם arm an Stufen d. h. woran die Stufen fehlen (?): 175.1.

דל (hbr. דֶּלֶת) Thüre: 86A 5. Plur דלהת: 7.3.

דמך auf Münzen von Citium bei de L. Satr. pl. XIV. 21. מלך דמך. Nach Six (rev. num. 1883. p. 332 ff.) zu ergänzen: [לְמֶלֶךְ דִּמ[נכו] [תי]כ dem Könige Demonikus von Citium.

דנת gleich דתנ(?) im nom. comp. אשדנת.

דעם Name einer Gottheit, siehe die folgenden nomm. comp.

דעמחנא N. p. m. Dom ḥanno (Dom hat begünstigt): 115.2. mit der griech. Beischrift Ιομανω(ς).

דעמלך N. p. m. Dommelech (Dom ist König): Tyr. 4.

דעמצלח N. p. m. Domṣilleḥ (Dom hat beglückt): 115.2. mit der griech. Beischrift Ιομσαλως.

דק zerstossen. דקת: 166. B.6.

דרכמנם Drachme: Ath. 9.6. Dafür steht

דרכנם eigentl. Dareiken: Ath. 9.3.

ה

ה Artikel, sehr häufig, aber doch viel seltener als im Hebräischen. Ueber dessen Vertauschung mit א siehe s. v. א.

הא 1) pron. pers. der 3. pers. er: 1.9. 93.2. 94.2. 144.2. 171.7. Plur. המח sie: 3.11. 12. 165.17.

2) pron. dem. (hbr. ההוא) dieser: 1.15. 3.10. 11. 22. 166. B 4. Sid. 3.6.

הא Name einer Gottheit(?) im nom. comp. עבדהא.

האר Name einer Gottheit(?) im nom. comp. עבדהאר.

הבל Heiligthum, im nom. comp. גרהבל.

הלם siehe s. v. מהלם.

המח siehe s. v. הא.

הר Berg: 3.17.

הרנא N. p. f.: 120 mit der griech. Beischrift Ερηνη (= Εἰρήνη).

ו

ו Conjunction, und: 1.2. 3. 4. 5. 6. 8. 9. 10. 11. 12. 13. 15. und sonst noch sehr häufig.

ו einmal als Suff. der 3 sg. masc. für gewöhnliches י: ורעו: 1.15. und als Suff. der 3. pl. masc. sing in ימו seine Tage und שניו seine Jahre: 1.9.

ורמנר N. p. m. Verminad. König von Mauretanien: Münzlegende bei Müller III. p. 88.

ז

ז vertauscht sich mit ס z. B. זכר = hbr. זכר, und mit ש z. B. עורבעל = עשרבעל.

ז pron. dem. für beide Geschlechter: dieser: 1.4. 5. 10. 3.3. 4. 6. 7. 8. 10. 11. 21. 7.3. 30. 40.2. 45. 60.1. 61.6. 86A.6. 14. 16. 88.4. 118. 165.3. 6. 10. 18. 20. 167.11. 171.7. 175.1. 381 b.2. Statt dessen: אן: 1.6. 12. 5A. 29. 44.1.

57.1. 88.2. 89.2. 90.1. 91.1. Tam. 1.1. 2.3. — pron. dem. masc. זִי : 1.4. (bis) 5. 12. fem. זֹאת: 1.6. 12. plur. אֵל siehe s. v.

זָבַן N. p. m.: C. 15. 78.3.

זָבַח opfern. Imprf. 3 sg. masc. יִזְבַּח: 165.15. 3 pl. masc. ebenso: 165.16. Infin. לִזְבֹּחַ: 165.14. Part. sg. זָבַח [der Priester] der das Opfer vollbringt: 132.6. plur. זֹבְחִים: 86A.8.

זֶבַח Opfer: 86B.9. 165.4. 8. 12. 14. 15. 17. 21. 167.2. 3. 9. 10.

זֶבַח שֶׁמֶשׁ Monatsname (Sonnenopfer): 13.1.

זֶה הַא N. p. m.: 232.3. Zwischen ה und א befindet sich ein leerer Zwischenraum; nach dem א ist der Stein abgebrochen.

זִבְקֹם N. p. m. Sibkam (der sich erhebende Wolf): 97.2. 132.5. 251.1–2. (so zu ergänzen). 423.2–3. C. 218.4.

זְוִי N. p. m. (vgl. das n. pr. זָבַן): 341.4. C. 35.4.

זְכַר N. p. m. Zachar (Andenken): Vog. Int. ph. No. 14.

זִן siehe s. v. ז.

זֵר Name einer Münze: 165.7. 9. 11. 167.7.

זֶרַע Same, Nachkommenschaft: 3.8. 11. Sid. 3.7. זַרְעוֹ seine N.: 1.15. זַרְעָם ihre N.: 3.22.

ח

חַב N. p.: Vog. Int. ph. No. 12.

חָבֵר Genosse, College. חֲבֵרִים ihre Collegen: 165.19. und Z. 2. so zu ergänzen.

חֲבֻשׁ (ב unsicher) N. p. m.: CIG. Sc. No. 18.

חַגִּי N. p. m. Haggi oder Haggaj (Der Festliche): 67.1.

חַגִּת N. p. f. Haggit (חַגִּית die Festliche. Name einer der Frauen Davids (2 Sam. 3.4.)). Femininform von חַגִּי. Möglich jedoch, dass es ein n. p. m. mit Femininendung ist wie z. B. חַגְּבַת: CIG. Sc. No. 23: לִתְמִכְאֵל בֶּן חֲגִת.

חֶדֶר Gemach: 124.1. (Grabeskammer).

חֲדָרָת Gemach: 166B.3. 8. (Inneres Gemach des Heiligthums.)

הדרת Beiname einer Göttin: 177 לרבת לבעלת החדרת der schützenden Ba'alat oder der B. der Gemaches (s. o.)

חדש Piel erneuern. Perf. 3 sg. חֲדֵשׁ: 132.1. 3 pl. ebenso: 175.1.

חדש (hbr. חָדָשׁ) neu. siehe s. v. קרתחדשת.

חדש (hbr. חֹדֶשׁ) Neumond: 86 A.2,3. B.2,3. und im nom. comp. בנחדש. vgl. auch מחדש.

חוה leben Hiph. Imprf. 3 sg. fem. mit Suff. der 3 sg. masc: תחוה sie möge ihn leben lassen: 1.9. vgl. auch die nom. propria: פתיחו, יחומלך, יחואלן, יחוא und תחוא; ferner מריחי

חורן Name einer Gottheit(?) im nom. comp. עבדחורן.

חות Nach einigen Erklärern eine Vogel-, nach andern eine Opfergattung: 165.11.

הטרמסכר Name einer Gottheit: 253.3. 254.3—4. (so zu ergänzen). הטר Name einer aegyptischen Göttin. מסכר findet sich im n. pr. comp. גרמסכר.

חי lebend. Plur. חים. בחים unter den Lebenden: 3.12. 58.1. 59.1. 116.1. Sid. 3.7.

חים Leben. עז חים: 95.1. Beiname der ענת. למבחיי zu meinen Lebzeiten: 46.2. בחיי zu seinen Lebzeiten: 93.5.

חיר Monatsname Ijjar (der II. Monat (?) = Ijjar): 102d, und 93.1., wo sich nur der mittlere Buchstabe noch erhalten hat, so zu ergänzen.

חירם N. p. m.: D. 29.

חך: CIG. Sc. No. 39. אבן חך. nach Clermont-Ganneau: Stein zum Reiben Bügeln.

חכר N. p. m. Hachar: Vog. Int. Int. ph. No. 19. Vgl. Levy. S. und G. No. 17.

חלב (hbr. חָלָב) Milch: 165.14. 167.10.

חלב (hbr. חֵלֶב) Fett: 165.14. (Vgl. jedoch s. v. שלבם' Anm.).

חלל im nom. comp. אבחלל.

חלם N. p. m.: 112.b1. b2.

חלמן siehe s. v. בעלחמן.

חלפה Tauschwerth, Bezahlung, Lohn. לשלם חלפת zu belohnen: Ath. 9.7.

חלץ N. p. m. Hilles (Er, nämlich Ba'al hat gerettet): CIG. Sc. No. 34. In nomm. comp.: מלקרתחלץ, בעלחלץ, מלכחלץ, אשמנחלץ und dem folgenden.

חלצבעל N. p. m. Ḥilleṣ ba'al (Ba'al hat gerettet): 165.2. 19. 389.4—5.

חלת Sarg: 3.3. 5. 7. 11. 21.

חמך siehe das folgende.

חמלך N. p. m. Ḥimilk (Bruder des Milk): 135.4. 143.2. 182.2. 262.3. 265.3. 317.4. 324.2. 329.2. 339.3. 341.3—4. 346.3. 349.4. 368.3—4. 372.4. findet sich חמך mit ausgefallenem (wohl vergessenem) ל.

חמלכת N. p. m. Ḥimilkat (Bruder der Milkat): 143.2. 181.4. 184.3. 186.3. 188.3. 213.4. 214.3. 218.2. 224.3. 247.2—3. 250.3. 257.3—4. 260.1. 2—3. 280.4—5. 300.3. 318.2. 319.2. 325.3—4. 346.3. 348.3. 349.5. 365.4. 367.3. 369.3. 381. A. 1. B. 3. 387.4. 388.3. 393.2.

חמלר N. p. m.: 177.

חמן. zusammengesetzt mit אל (siehe s. v.) und בעל (siehe s. v. בעלחמן).

חמנחת N. p. m. Ḥiminchat (Bruder der Minchat): 336.3. und 211.3. so zu ergänzen.

חמשי der fünfte: 166. B. 7.

חמשם fünfzig: 165.6. Mas. 8.

חמשת fünf: 165.5. 166. B. 10.

חן Gunst: 1.10. (bis) und im nom. comp. אנתחן und den folgenden חנצד und חמלקרת, חנבעל.

חנא N. p. m. Ḥanno: 132.6. 138.1. 139.2. 180.3. 199.5. 208.4. 214.3. 4. 217.3. 221.5. 223.4. 231.2. 234.5. 235.2—3. 260.2. 299.4. 320.4. 353.4. 360.3—4. 365.3. 4. 367.5. 370.5. 371.4. 383.3. 389.3. 422.2. 424.1. und sonst noch häufig auf zahlreichen carth. Inschr. In Zusammensetzung in den nomm. pr. בעלחנא und העמחנא.

חנבעל N. p. m. Ḥenba'al, Hannibal (Gunst des Ba'als): 124.3—4. 153. 155.3. 171.5. (bis). 192.2. 266.2. 284.3—4. 331.2. 332.2. 343.2. 434.

חנה geneigt sein, günstig sein. 3 pers. sg. fem. imprf. mit Suff. der 3 sg. תחנא: 196.5.

חנוטם Mumien (?). Nach andern = Χωνευτά gegossene Bilder: 139.1.

חנמלקרת 1) N. p. m. Ḥenmelqart (Gunst des Melqart): C. 359 6. 2) N. p. f. (id.): C. 165.4—5.

חנן begünstigen: 3 sg. prf. חנן im nom. pr. אלחנן und dem folgenden.

חננבעל N. p. m. Ḥananba'al (Ba'al hat begünstigt): 15.1. (unvollständig חננב ··).

חנצד N. p. m. Ḥenṣad (Gunst des Ṣad): 292.5.

חנת im nom. comp. בעלחנת.

חגבם N. p. m. oder Beamtentitel (?): 143.1.

חפצבעל N. p. m. Ḥafeṣ baʿal (Baʿal hat geliebt, gewünscht): 102.c.

חץ siehe s. v. חץ רשף.

חצי die Hälfte: 169.11. Tyr. 5. 6.

חצר Hof, Vorhof: Ath. 9.2. 3.

חקרה N. p. m.: 99.2.

חר 1) Name eines (aegypt.) Gottes, im nom. comp. עבדחר, 2) N. p. m. Ḥor: 46.1. D. 3 bis.[1])

חרם durchstechen. Davon das Part. חרם Verfertiger von Netzen? (cf. hbr. חֶרֶם Netz): 324.3.

חרם N. p. m. Ḥiram (Bruder des Erhabenen), König von Sidon: 5 F-A.

חרץ Gold: 1.4. 5. (bis). 12. 90.1. 327.4—5. 328.4. 329.4. 333.2. Ath. 9.3. Sid. 3.5.

מצבת חרץ vergoldete Säule: Ath. 9.5.

חרש einschneiden, bearbeiten. Davon Part. חרש der Arbeiter in Stein, Holz, Metall, der Steinschneider: 64.3. 274.2. 325.5. 326.3. Plur. חרשם: 86. A. 13.

חשב zusammenfassen. Davon Part. חשב Weber: 74.4.

חת 1) Citium, auf Münzen bei de L. Satr. pl. XIII. 2) auf Münzen von denen unsicher, welcher Stadt sie zuzuschreiben sind: Müller III. p. 38.

חתלה N. p. f.: 221.4. 430. Nach Euting gleich חתאלה Schwester der Allat.

חתם siegeln. Davon Part. חתם der mit dem Versiegeln betraute oder der Siegelverfertiger: 118.

חתם Siegel, Siegelstein: Vog. Int. ph. pl. XIV. No. 21.

חתמלך N. p. f. Ḥotmilk (Schwester der Milk): 429.2. C. 258.3.

חתמלכת N. p. f. Ḥotmilkat (Schwester der Milkat): 231.1. 386.2. (wohl so zu ergänzen). C. 59.3.

חתמלקרת N. p. f. Ḥotmelqart (Schwester des Melqart): C. 212.4—5.

חתנת N. p. f. Ḥottanit (Schwester der Tanit): Sainte—Marie 210. 1668, (angeführt CJS. p. 314).

ט

טבח schlachten, tödten. Davon Part. טבח Schlächter, Scharfrichter: 237.5. 238.2. 239.6. 376.3.

---

[1]) Vgl. s. v. אשמן Anm.

טבע Gepräge, Münze. טבע צר tyrische Münze: Tyr. 2.

טנא aufstellen, errichten. Perf. 3 pl. טנא: 167.1. und danach zu ergänzen 165.1. Meistens steht dieses Verbum im Iphil.: Perf. 3 sg. masc. יטנא: 11.2. 13.2. 14.6. 58.2. 88.2. 89.2. 119.1. Tam. 1.1—2. 3. sg. fem. (ebenso): 93.3. 3 pl. (ebenso): 60.1—2. mit dem Suff. der 3 sg. יטנאי: Ath. 9.5. 1. sg יטנאת: 46.2. 57.1. 115.2.

יא schön: 166. A. 5. B. 2. 5.

יאל N. p. m., worin wahrscheinlich der Name des Gottes Jolaos, (der nach Polyb. 7.9. bei den Puniern höchst angesehen war) enthalten ist: 132.4. 5.

יאש N. p. f.: 11.2.

יבל Widder: 165.7.

יבשם siehe s. v. איבשם.

ינראשמן N. p. m. Jagarešmun (Er fürchtet den Ešmun): 111.1.

ידלל Name einer Quelle. ען ידלל: 3.17.

ידע wissen, erkennen. Imprf. 3 pl. ידע: Ath. 9.7. Partic. ידע: Ath. 9.7.

יחן ⸗ יחן er hat begünstigt (?), im n. pr. בעליחן.

יהרבעל N. p. m.: 1.1.

יזנאל N. p. m. Jazanel (Gott hat erhört): Vog. Int. ph. pl. XIV. No. 11.

יחו er lässt leben, in den 3 folgenden nom. pr. und in פתיחו.

יהוא N. p. m.: C. 97.3.

יחואלן N. p. m. Jehavelon (Gott lässt leben): 192 B. 3.

יהומלך N. p. m. Jehavmilk (Milk lässt leben): 1.1. 7. 8. 12.

יחי יחו im nom. comp. מריחי.

יחן er begünstigt, im nom. comp. בעליחן und dem folgenden.

יחנבעל N. p. m. Jahanba'al (Ba'al begünstigt): 175.2. C. 230.5—6. D. 24.

יכנשלם N. p. m. Jachonšalom (es sei [ihm] Friede): 10.3—4. C. 63.5.

ים (hbr. ים) Meer. ארץ ים (Bezeichnung von Sidon): 3.16. 18.

ים (hbr. יום) Tag: 86. A. 6. 14. 16. 166. B. 1. 7. Plur. ימים: 3.3. 13. 86. B. 4. בימם am Xten Tag (der Plural steht hier, wie Derenbourg

bemerkt hat, weil die Zahl, in Ziffern stehend, dem Worte folgt):
10.1. 11.1. 88.1. 93.1. Ath. 9.1. Tam. 2.1. יְמוֹ seine Tage: 1.9.
ינח aufstellen. Prf. 3 sg. masc. יֵנַח: 118.
ינר אִינַר (vgl. s. v. אָי), Name einer Insel, Feuerinsel: 267.4.
יסף hinzufügen. Perf. 3 sg. masc. יִסְף: 1.11. mit dem Suff. der 3 plur. (und eingeschobenen נ epenth. ?) יִסְפֻנַם: 3.19.
יעד er hat bestimmt, im n. pr. אֶשְׁמֻנִיעֶד.
יעזר N. p. m. Ja'zer (Er [Baal] leistet Hilfe): 132.7.
יעמץ N. p. m. Ja'moṣ: Hadr. 5.5.
יפי Joppe: 3.19.
יצא herausgehen, ausziehen (zum Kriege). Davon Part. plur. יֹצְאִם die Empörer: 91.2.

יצלח (hbr. אֲצִילוֹת, arab. وَصَلَ) Gelenke: 165.4. 6. 8. 10. 13.
יצר formen, bilden. Davon Part. יצר der Töpfer: 137.2.
ירח Monat: 3.1. 4.1. 10.1. 11.1. 13.1. 21. 86. A. 1. 2. B. 2. 88.1. 90.2. 92.2. 102.d 124.2. 179.5. Tam. 1.4. 2.1.
ירנם siehe s. v. אִירנַם.
ירעש אִירעַשׁ, Name einer Insel: 268.4.
ישב sitzen, wohnen. Part. יֹשֵׁב Einwohner: 102.a1. Piel. aufstellen, wohnen lassen. Prf. 1 plur. וַיֹּשִׁבן: 3.16.; mit Suff. der 3 sg. יֹשְׁבֵנִי: 3.17.
ישבעל N. p. m. (zusammengezogen aus יִשְׁבְבַעַל) Ješebba'al (Ba'al lässt wohnen): 159.3.
ישע N. p. m. Ješa (Hilfe, Heil): Vog. Int. ph. pl. XIV. No. 6.
יתבעל (— יתנבעל) N. p. m. Jatba'al: 343.3.
יתה kommen, siehe s. v. באה.
יתם (hbr. יָתוֹם) Waise: 3.3. 13.
יתן (hbr. נתן) geben. Perf. 3 sg. masc. יתן: 3.18. 5. A—B. 10.3. 11.2. 15.1. 31. 88.2. 89.2. 90.1. 91.1. 94.3. 147.4. 165.21. 381.b2. Tyr. 6. Tam. 1.1. Imprf. 3 sg. masc. יִתֵּן: 169.11. 3 sg. fem. יתן: 1.9. Niph. Perf. 3 sg. masc. נתן: 165.18. Das Perf. יתן findet sich noch in den nomm. comp. פמיתן, עשתרחתן, סבניתן, מלכיתן, בעליתן, אשמניתן, צדיתן, רישפיתן und den folgenden.
יתנאד N. p. m. Jatanad (Ad. (?) hat gegeben): C. 138.4—5.
יתנבל N. p. m. Jatanbel (Bel hat gegeben): 119.2.

יתנבעל N. p. m. Jatanbaʻal (Baʻal hat gegeben): 157.2. 328.3. 360.3. C. 81.3. 322.3.

יתנמלך N. p. m. Jatanmilk (Milk hat gegeben): 244.3. 250.4. 306.3.

יתנצד N. p. m. Jatanṣad (Ṣad hat gegeben): 184.4—5. 235.4. 239.5. 253.5. 302.4. Hadr. 4.3. Wahrscheinlich verschrieben יתנדצד: 310.3.

ב

כ 1) wie. כמדת nach Massgabe: 165.17. 2) denn, weil: 3.5. 6. 12. 13. 4.3. 13.3. 41.3. 88.7. 89.3. 90.2. 122.3. 123.a5. 135.8. 138.3. 147.7. Ath. 9.3. Sid. 3.4. 6. und auf den meisten carthag. Inschr.

כאית hier (??) oder zu zerlegen in כא ית hierher kam (vom Stamme יתה) (??): 111.1.

בבדמלקרת N. p. m. Kabedmelqart (er ehrt Melqart): 364.5—6.

כבדת N. p. f. Kabdat (Geehrte): 372.3. 375.4. C. 17.3. 27.4—5.

כבס waschen. Davon Partic. כבס Wäscher: C. 9.1.

כברת Gegend. Weltgegend. Mas. 1. Clermont-Ganneau und Halévy verweisen zur Erklärung dieses Wortes auf assyr. šar kibrāt arba'i König der vier Weltgegenden. (Vgl. Gen. 35.16. 48.7. 2. K. 5.19.)

כהן Priester: 10.3. 165.20. 167.6. 8. 170.4. 243.4. 245.3. 246.4. 379.1. Sid. 3.1. 2. Plur. כהנם: 165.3. 5. 7. 9. 11. 12. 13. 15. 167.2. 3. 4. 5. רב כהנם der oberste der Priester, Oberpriester: 119.2. Plur. constr. כהן: 244.4. רבכהן אלת der oberste der Priester der Allat.

כהנת Priesterin: 3.15.

כובן Name einer Stadt: 311.4.

כן (arab. كان) sein. Perf. 3 sg. כן: 93.5. 166. A. 5. 167. 4. 5. 8. 175.1. Imprf. 3 sg. יכן: 3. 8. 11. 165.3. 7. 13. 15. 166. B. 4. 167.6. Sid. 3.7. Infin. mit praefig. ל, לכן: Mas. 10., mit Femininendung לכנת:

Ath. 9.5.; mit Suff. der 3 sg. לְבֵנִי: 7.6.; mit Suff. der 3 pl. לְבְנִנִם: 3.20.

בִּישָׁר N. p. m.: 336.3. und Reinach No. 97. (angeführt CJS. p. 391).

בִּית Citium auf Münzen, de L. Satr. pl. XIII. 18—20.

בְּכַב siehe s. v. בְּמַב.

בִּכָּר Gewicht, Talent· 171.2. Plur. בִּכָּרִם: 171.4.

בָּל Gesammtheit. בָּל אִשׁ alles, was: Ath. 9.3. mit folgendem genit. sing. jeder: 1.11. 3.4. 6. 7. 20. 165.13. 14. 15. 16. 20. 21. 169.11. ·171.9. Sid. 3.3. mit folgendem genit. plur alle z. B. בָּל אדמִם alle Leute: 165.16. Sid. 3.5.

כֶּלֶב Hund. Plur. כַּלְבִם: 86 B. 10. und in den 2 folgenden nomm. pr.

כַלְבָא N. p. m.: 52.1. (bis).

כלבאלם N. p. m. Kelebelim: 49.

כלה vollenden. Perf. 1 sg. כָּלְתִי (plene): 7.4.; Infin. mit Suff. der 3 sg. בְּכַלְתִי bei seiner Vollendung: 124.2.

כָּלִל Die meisten Erklärer übersetzen dieses Wort durch Ganzopfer, andere durch vollständig, ohne Fehl. Beide Uebersetzungen sind gleich schwer mit dem Contexte in Zusammenhang zu bringen: 165.3. 5. 7. 9. 11. Plur. כְּלָלִם: 167.5.

כלם N. p. m.: 132.7.

כמ·· Anfangsbuchstaben wahrscheinlich der Bezeichnung eines Gewichtes: 166. B. 6.

כמב Kambe, alter Name von Carthago, auf Münzen bei Ges. mon. t. 34. II. T-X. Tbis steht statt dessen ככב Kakkabe.

כמל·· N. p. m.: C. 199.3.

כן so, ebenso: 165.4. 8. 167.4. לְכֵן deshalb, damit: Ath. 9.7.

כנב·· N. p. m. ((לְבַנְבֹעַל?)): 311.3.

כנען Canaan, Phoenizien: auf Münzen bei Ges. mon. t. 35. IV.

כנפרם κανηφόρος, Canephoros, Korbträgerin: 93.2.

כנש N. p. m. Kenaš: 417.5.

כם Schale (?). Plur. (?) כַּםְה: 166. B. 9.

כסף Silber, Geld: 165.3. 5. 7. 9. 11. 167.7. 169.10. 170.4. Tyr. 2. Sid. 3.4. Schatz: Ath. 9.6.

כפר N. p. m.: Vog. Int. ph. pl. XIV. No. 17.

כפרא Name der Stadt Solus in Sicilien. Münzlegende bei V. Head p. 149 mit der griech. Umschrift Σολουντινον.

כרמי nom. ethn. aus Charmis (Ch. eine Stadt in Sardinien): 155.4.

ברסי‎ In der Zusammensetzung מלין ברסים‎: 22. 44.2. 88.3. 5. 6. Dolmetsch der .. ? Nach den meisten Erklärern ist ברסי‎ erweiterte Form des hebr. כסא‎ Thronsessel, (aram. כורסיא‎, arab. كرسي) und bedeutet מ'ב'‎ Dolmetsch zwischen zwei Thronen d. h. zwei Königen. Cl.-Ganneau: D. der Gerichtshöfe (ברסי‎ = κρίσις).

ברח‎ Monatsname: 92.2.

בשי‎ N. p. m.: 112 c¹1. c²1.

כת‎ Citium, auf Münzen bei de L. Satr. pl. XIV.21.

כתב‎ schreiben, einschreiben: Infin. לכתב‎; Ath. 9.4.

כתבת‎ Schrift: 165.17. 18.

כתי‎ Citium: 10.2. 11.1. (כת[?]).2. 14.3. 4. 19. 88.7. 90.1. 2. 91.1. 92.1. 93.2. 117.2. Ath. 8. Idal. 7.2. 3. Tam. 1.6. 2.2—3.

כתם‎ N. p. m. Ketam: 159.2.

כתרא‎ N. p. (masc. oder fem.?): Vog. Int. ph. pl. XIV. No. 5.

ל

ל‎ Praepos. 1) die Richtung nach etwas hin bezeichnend: 1.10. 3.11. 12. 20. 22. 46.2. 2) zur Bezeichnung der Zeit, z. B. לירח‎, למלכי‎: 3.1. 10.1. 93.1. Mas. 5. 8. Ath. 9.1. 3) für: 1.7. 3.18. 7.4. 46.2. 3. 47.1. Bei Grabschriften, vor dem Namen dessen, dem sie gesetzt sind; bei Votivsteinen, vor dem Namen des Gottes, dem sie geweiht sind; auf Münzen, vor dem der Stadt oder des Fürsten, der sie geprägt hat; auf Siegeln und Gemmen als Zeichen des Besitzes. למדה‎ nach Massgabe: 3.19. לפי‎ id.: 165.18. 4) In Verbindung mit dem Infinitiv z. B. לאמר‎, לבנת‎ sehr häufig. Mit Suffixen: לי‎ mir: 1.8. 7.6. 119.1. לך‎ dir: Sid. 9.7. [?]. לם‎ ihm. 3.8. 11. 165.3. 5. לן‎ uns: 3.18. Ath. 9.4.

לאדך Laodicea (whrsch. das heutige Umm-el-Anâmîd): 7.3.

לאדבא idem: auf Münzen bei Ges. mon. t. 35. IV.

לבא N. p. m.: 147.5.

לבן weiss: 166 B.5.

לבן Libanon, im nom. comp. בעללבן

לבנת Weihrauch: 166 B6.

לבת N. p. f.: C. 46.4. (vielleicht, aber nicht wahrscheinlich, fehlt vor dem ל noch ein Buchstabe).

לוכי nom. ethn. Lycier: 45 mit der griech. Beischrift [εκ] Λυκιης.

לחם Brod: 166 B.3, 4.

לטרם (plur.) ein Gewicht, das griech. λιτρα: 143.1.

לכד herausnehmen, wählen: 86 B8. [?]

לם damit nicht: enstanden aus der Praep. ל und dem Fragewort מ (hbr. מה), vgl. arab. لِمَ nicht aus لِ warum: 3.21.

למחת(?): Ath. 9.3, 6. דרבמגם למחת nach dem Zusammenhange ungefähr durch vollwerthig zu erklären; ob aber nach Halevy (rev. des ét. juives 1888 p. 110) vom arab. لَمَحَ glänzend, oder (nach demselben im J.A. 1888 p. 505) vom assyrischen nulḫuṭu schneiden, graben, oder besser nach Hoffmann (Abhdlg. der kngl. Gesellsch. der Wissensch. zu Göttingen, Mai 1889) von מחה abstreichen zu erklären, ist zweifelhaft.

לפסי nom. ethn. von לפס Ort in Sardinien Lipisaner: 144.9.

לקח nehmen. Perf. 3. pl. לקח: 86 B.7. Imprf. 3 sg. יקח: 165.20. Inf. לקחת: 166 B. 5.

מ

מ dient als Pluralendung für masc. nomina, als Praefix bei Participien und als Suffix der 3 pers. sing. und plur. Durch Anhängung eines מ an gewisse nomm. propr. werden neue, verlängerte bildet, so ארשם, גרגשם, מגנם, עזם (von עזא), עברבם, צרבבם (kommt jedoch einfach in den bis jetzt hrsgg. Inschr. nicht vor), שצפם.[2]

מִ Praep. verkürzt aus מִן. von, sehr häufig auf Münzen; mit dem Suff. der
3 pers. מֵהֶם davon: 167.6.

מֵא Nach Six (Num. Chron. 1877) Anfangsbuchstaben von מֶלֶךְ אָרָד
König von Aradus, auf Münzen von Aradus, a. a. O.

מֵאָרָה siehe s. v. אָרָה.

מֵאָה hundert: 143.1. 165.6. 171.4. 6. und auf Münzen von Marathon bei
Ges. mon. t. 35. V., Vaux, Num. Chron. vol. XX. p. 84 ff.

מָאתַיִם zwei Hundert: 166 B.9.

מִבְנַת (von בנה bauen) der Bau: Ath. 9.2.

מָגֹן N. p. m. Magon (Schild): 102 c. 135.6. 153. 198.3. 208.3. 209.2. 4. 210.3. 212.3. 232.4. 282.4. 318.2. 346.2. 352.2. 3. 365.3. 5. 383.3. 387.3. 424.3.
Ath. 9.2. und noch in vielen earth. Inschr.

מָגֹנִם N. p. m. (aus dem vorigen gebildet) Magonim: 192.1. 315.5.

מַגְרָד Instrument zum Schaben der Haut beim Baden. (vgl. mischn.
מַגְרֵדָה Tractat Kelim 12.6.) Plur. מַגְרָדִים: 338.4.

מָדַד messen. Davon Partie. מֹדֵד Feldmesser: 349.5.

מִדָּה Mass, בְּמִדַּת nach dem Masse: 165.17. לְמִדַּת nach Mass-
gabe: 3.19.

מַהֲלָם (von הלם schlagen) Präge: auf einer Münze von Gades bei
Ges. mon. t. 40 XV. C.

מַהַרְבַּעַל N. p. m. Maharbaʿal (Gabe Baʿals): 139.3. 154.3. 176. 184.6.
242.2. 323.3. 388.4.

מִזְבֵּחַ Altar: 1.4. 10.2. 95.4. 118. 140.1. 143.1. 170.2. 3.

מַזָּל Sternbild, Vorbedeutung. עִם נעם לִמְזָל: 95.8. von Vogüé (Mél.
d'arch. or. p. 40) so ergänzt, entspricht der griech. Beischrift ἀγαθῇ
τύχῃ. vgl. auch den talmudischen Gebrauch dieses Wortes.

מִזְרָח Nach Schröder, Aussätziger, von זרח ausbrechen, ausschlagen,
nach Renan Eingeborner (אזרח): 165.16.

מָח (hbr. מֵחַ) fett: 166 A.5.

מְחַדֵּשׁ N. p. m. Mehadeš denom. von חדש Neumond: Ath. 8. mit
der griech. Beischr. Νουμήνιος.

מַחֲנַת Mahanat (Panormus, Stadt in Sicilien, nach andern Feldlager
bedeutend), auf carthag. Münzen, die in Sicilien geprägt wurden:
שׁעם מחנת עם, עם המחנת עם מחנה bei Ges. mon. t. 38. IX.,
Müller, II. p. 74 ff.

מַחְסֹר (hbr. מַחְסוֹר) Mangel. בְּמַחְסֹר in Mangel d. i. fehlend (?): 165.5.

מַחְצֵב (hbr. מַחְצֵב) das Behauen, der Steinbruch: 132.7.

מהק Part. Hiph. von חקק einschneiden, eingraben: 51.2.
מחשבם(?) Legende auf carthag. Münzen bei Müller III. p. 76. No. 18—21.
מט (hbr. מַטָּה) adv. hinab, abwärts. לְמַט nach unten: 3.11.
מטא siehe s. v. באטומטא
מטבח (von טבח schlachten) Schlachtstätte: 175.1.
מטוא (Stamm טוה spinnen) Motye, auf einer kleinen Insel an der Westküste Siciliens. Münzlegende bei Ges. mon. t. 39. XII. und Ugdulena Tav. I.1. II. 27. 28.
מי wer(?). מי את כל אדם: Sid. 3.3. Die Bedeutung wer passt hier nur sehr schlecht. Es ist fraglich, ob nicht hier, wie in der Parallelstelle der Eśmunazarinschrift קנמי stehen sollte. Derenbourg (rev. des ét. juives 1888 p. 109 ff.) will in dem Worte מי die gleiche Bedeutung finden aus der arabischen Wurzel ימא schwören mit Wegwerfung der beiden schwachen Buchstaben.
מיכל Namen eines Gottes (?) Mikal: 86 B.5. und danach A.13. zu ergänzen. Ueber die Zusammensetzung רשף מיכל siehe s. v.
מכסא Decke: 166. A.6.
מכר verkaufen. Davon Part. מכר der Verkäufer: 333.2. 334.3. 335.3. 407.4.
מלאך Gesandter, Bote. Plur. estr. מלאך: Mas. 2. Im nom. comp. בעלמלאך.
מלאכת (hbr. מְלָאכָה) Arbeit, Werk: 1.11. 13. 86. A.12. Statt dessen מלבת: 86. A.6. 9.
מלגבם N. p. m. Melexenus (Μελέξηρος): 60.4.
מלך regieren. Infin. mit Suff. des 3. sg. msc. למלכי seines Regierens, seiner Regierung: 3.1. 90.2. 92.2. 114. Idal. 7.
מלך König: 1.1. 7. 9. 3.1. 2. 13. 14. 15. 4.2. 4. 10.2. 11.1. 2. מלכתי (מלכתי). 14.3. 17. 88.1. 7. 89.1. 90.1. 91.1. 92.1. 114. 306.5. 307.4. Sid. 3.1. 2. Idal. 7. Tam. 1.5. 2.2. und sehr häufig auf Münzen. אדן מלכם: 3.18. 7.5. 93.1. Mas. 6. und אדנמלכם: 95.2. heisst nicht Herr der Könige, sondern entspricht dem Titel der Ptolemäer in den Ptolemäischen Protocollen: κύριος βασιλείων Herr der königlichen Besitzthümer, des königlichen Diadems d. h. König. In Zusammensetzungen kommt מלך vor 1) als Appellativ in den nomm. comp. בעלמלך עבדמלך und den hier folgenden מלכאסר und מלכבעל 2) als Eigenname des Gottes Milk: in den andern hier folgenden sowie in אדרמלך, אחתמלך, אחלמלך, ארמלך, בדמלך,

עבמלך, עברמלך, מקנמלך, יהנמלך, יחומלך, התמלך, חמלך, גרמלך, צדקמלך, עזמלך.

מלך N. p. m.: C. 139.6. (wenn nicht vielleicht am Anfange der Zeile Buchstaben fehlen, in welchem Falle [עז]מלך zu ergänzen wäre.) [1]

מלבאסר Name eines Gottes Melekosir (König ist Osir): 123.b1.—2.

מלבבעל Name eines Gottes Melekba'al (König ist Ba'al): 123.a1—2. 147.1—2. 194.1.

מלבחלין N. p. m. Milkhilles (Milk hat gerettet): C. 343.7.

למבית N. p. m. Milkjatan (Milk hat gegeben): 1): 59.2. 64.2. 176. 242.3—4. 284.4—5. 417.4. 2) König von Citium und Idalion: 10.2. 11.2. 16a. 18. 88.1. 7. 89.1. 90.1. 91.1. 92.1. Tam. 1.5. 2.2. und auf Münzen von Citium bei de L. Satr. pl. XIII. 8 und 8bis und rev. num. 1883. p. 335 ff.

מלבעשתרת Name einer Gottheit: Milk'aštoret, entstanden durch Verschmelzung der Attribute des Gottes Milk und der Göttin 'Aštoret: 8.1. (mit dem Beinamen אלחמן) 250.5. Mas.2—3.[2])

מלברם N. p. m. Milkram, Malkiram (Milk ist erhaben): CIG. Sc. p. 150. No. 34. לחלין עבד מלברם. Comptes. rendus de l'Ac. des Inser. 1888. p 231: למלברם.

מלבת מלאבת siehe s. v.

מלבת Königin; 3.15.

מלבת Name einer Göttin Milkat: 198.4. und in den nomm. comp. עבדמלבת, נעמלבת, התמלבת, המלבת.

מלכתן N. p. m. (gleich מלכיתן(?)): 144.5—8.

מלמן N. p. m. Malman: 340 und Sainte-Marie No. 1276 (angeführt CIG. p. 393.)

מלץ Dolmetsch: 22. 44.2. 88.3. 5. 6. 350.3. Mit Ausnahme der letzten Nummer immer mit folgendem ברסים (siehe s. v.)

מלקה (von לקה nehmen) ein Instrument zum Nehmen: Zange. Jedoch in der Verbindung ארג מלקה: 344.4. nicht recht zu verstehen. Plur. מ]לקחם[: 345.3.

מלקר verkürzt aus dem folgenden מלקרת. im nom. comp. עבדמלקר.

מלקרת Name einer Gottheit Melqart (König der Stadt קרת מלך): 88.3. 7. 122.1. (mit der griech. Beischrift Ηρακλης Αρχηγετης). 264.4. In nom. pr. siehe die folgenden, ferner: אמתמלקרת, אשמנמלקרת.

---

[1]) vgl. s. v. אשמן Anm.

[2]) vgl. s. v. אשמנמלקה Anm.

בבדמלקרת, התמלקרת, הנמלקרת גרמלקרת „עמלקרת, בדמלקרת, צדמלקרת עבדמלקרת, מתמלקרת.

מלקרה N. p. m.: D. 20.[1])

מלקרתהלץ N. p m. Melqarthilles (Melqart hat gerettet): 216.6—7. 234.6. 282.4. 431.1—2. C. 48.4. 112. 178.4.

מלקרתמשל N. p. m. Melqartmašal (Melqart hat regiert): C. 130.4—5.

מלקרתרצף Name einer Gottheit Melqartreṣef. רצף (ar. رَضْف) bedeutet im Hebr. Kohle, glühender Stein, deutet also hier auf das Feuer, eines der Attribute des Melqart. (vgl. auch s. v. רשף).: Vogüé: journ. asiat. 1867 p. 165 (-- Mél. p. 81).

ממלחת Salzgrube: 143.1.

ממלח Aufseher über die Salzgruben(?): 351.4.

ממלכת Königthum, dann königliche Person, König, meistens im Gegensatz zu אדם gebraucht: 1.2. 11. 3.4. 6. 10. 20. 22. und oft auf Münzen. 3.9. steht: במלך. 3.11: ממלכה. wofür aber auf der Brustinschrift beide mal richtig ממלכת steht.

ממת N. p. m.: Vogüé in Comptes-rendus de l'Acad. des Inscr. 1868. p. 89 ff.

מן auf Münzen. Nach Ledrain, revue d'assyriologie et d'archéologie orientale, 1889. II. 2. Anfangs- und Endbuchstabe von מכפן, wie der Name des Königs Micipsa auf der Inschrift von Cherchell lautet.

מנה Mine (μνᾶ). Pl. מנים Schätze: 3.5. (bis). Sid. 3.5.

מנחם N. p. m.: Menahem (Tröster): 87.3. 103b. Tam. 1.2. 2—3. und so zu ergänzen 55.1. 57.2.

מנחת Gabe, Opfergabe: 165.14 167.10. Plur. (id.): 14.5.

מנ N. p. m. Manon; Vog. Int. ph. No. 21: מנ ברבעל חדם 616. Se No. 26.: מנן.

מנפי nom. ethn. aus Memphis; 102c.

מנצבת gewöhnlich zusammengezogen מצבת (siehe s. v.) Grabsäule: 159.1.

מנצבת Name einer Gottheit, im nom. comp. בדמנצקת.

מנצקת N. p. m.[1]) so ist nach der Copie von Sayce (D. 37) zu lesen, während CJS. 102b. nach der Copie von Brugsch zusammen mit den letzten Buchstaben als ein n. pr.

---

[1]) vgl. s. v. אישמן Anm.

מנקרתחמי liest: Menqarthamaj. (חמי von חמה schützen).

מסך mischen, giessen. Davon Part. מסך: מסך הנחשת der Erzgiesser: 330.3—4. 331.2—3.

מסך: 153. Soll nach Clermont-Ganneau (Sc. p. 155) Schmelz, Schmelztiegel bedeuten.

מסך Anzahl. בן מסך ימם eine [geringe] Anzahl Jahre alt: 3.3. 12—13.

מסכן N. p. m.: 97.1.

מסבר Name einer Gottheit (?) in den nomm. comp. גדמסבר und חטרמסבר.

מסלח N. p. m. (von סלח verzeihen): 133.

מסף N. p. m.: 327.4. 328.3. 361.4—5. 366.3.

מספנה Decke, Dach. Mit dem Suff. der 3. sg. fem. מספנתה: 1.6.

מסרע(?): 353.3. Dieses Wort giebt den Stand dessen an, der das Gelübde gethan.

מעל (hbr. מעלה) adv. aufwärts. למעל nach oben: 3.12.

מערת Beiname der Gottheit צדתנת. von Megara. (Megara, der Name eines Stadttheils von Carthago): 248.4. 249.5. und danach auch zu ergänzen: 247.5—6.

מפעל (von פעל machen). Synonym von מחלם (siehe s. v.) Präge-Münzen: auf Münzen von Gades bei Ges mon. t. 40. XV. Manche lesen מבעל von den Bürgern.

מפקד Befehl: 88.4. 5. Clermont-Ganneau will dies Wort mit Ez. 43.21. wo es einen bestimmten Theil des Tempels in der Nähe der Thüre bezeichnet, vergleichen; unsere Inschrift ist jedoch zu undeutlich, als dass aus dem Zusammenhange diese Bedeutung bewiesen werden könnte.

מצא Herausgehen. מצא שמש Sonnenaufgang. Osten: Mas. 1.

מצבת Säule: Ath. 9.5. 6. Grabsäule: 44.1. 46.1. 57.1. 58.1. 59.1. 61.1. 116.1.

מצח N. p. m.: C. 235.3—4.

מצבר (?) N. p. m.: 266.3.

מצרי N. p. m. Miṣri (Egypter): 273.3 C. 16.3. Vog. Int. ph. No. 13.

מצרם Egypten: 102a2. 198.5.

מצרף (von צרף läutern) Gold- und Silberarbeiter: D. 31.

מקדח (von קדח anzünden) Lampenanzünder: 352.3.

מקדש Heiligthum: 132.2. 3. Plur. מקדשם: 168.1. 169.9. 175.1.

מקם Ort, Stätte: 3.4.

מקם N. p. m. Meqim (vgl. palm. מקימו): 158.4.

מקם אלם Ehrentitel: der Götter (d. h. Tempel) aufrichtet, aufrecht erhält: 227.4. 260.3—4. 261.4—5. 262.2—3. 377.4. 5—6.

מקנא (hbr. מִקְנֶה) Heerde: 165.15. 167.6. 169.1.

מקנמלך N. p. m. Miknemilk (Besitz des Milk): auf e. Siegelringe bei Longpérier journ. asiat. 1855. p. 429 (= Lévy S. u. G. p. 21 No. 4).

מרח Monatsname: Das Wort bedeutet lautes (sowohl Jubel- als Jammer-) Geschrei. Nach Halévy wäre es der Name des VI. Monats (hbr. אלול); Ath. 9.1.

מרח (?) = מרח אלם: 165.16. Es ist von verschiedenen Klassen von Opfernden die Rede.

מריחי N. p. m. Marjehai (Mar verleiht Leben): 60.3. 93.3. 4. 5.

מרני Name einer Gottheit (?), im nom. comp. עבדמרני.

מרנם N. p. m.: 45. mit der griech. Beischr. Μερρος.

מרסמך N. p. m. Marsamak (Mar hat unterstützt): So zu lesen CIG. Sc. No. 21 (der מרסבב liest).

מרפא heilend, im nom. comp. בעלמרפא.

מרפא Monatsname: 1.1. Wahrscheinlich derselbe ist

מרפאם Monatsname: 124.3. 179.5. Idal. 7.

מרקע (von רקע stossen, schlagen, hämmern.) Scheibe, Vase: 90.1.

מרש N. p. m.: 390.4.

מרת Marathus, Münzlegende bei Ges. mon. tab. 35. V. u. Num. Chron. vol. XX. p. 84.

משאת Abgabe: 165.3. 6. 10. 17. 18. 20. 21. Plur. משאתת: 167.1. 170.1. u. danach 165.1. zu ergänzen.

משר Sid. 3.5. (siehe s. v. ישר).

משכב Lager, Bett, Todtenbett: 3.4. 6. 7. 8. 10. 21. 46.2. Sid. 3.8. משכבי mein Lager: 3.5. 7. 21.

משל regieren, Part. משל: 3.9. Im nom. comp. מלקרתמשל.

משקל Gewicht: 143.1.

משרת Dienst, Verrichtung: Ath. 9.8.

מתבעל N. p. f. Matba'al (Magd des Ba'al): C. 45.4—5. siehe auchs. v. אמתבעל.

מתמלקרת N. p. f. Matmelqart (Magd des Melqart): C. 20.3. 320.3.

מתן N. p. m. Mattan: 7.2. 289.8. 291.3. 311.3. 347.3—4. C. 293.4.

מתנא N. p. m.: auf einer Inschr. von Aspis, bei Longpérier in Comptes-rendus der l'Ac. des Inscr. (Lévy Ph. St. IV. p. 69).

מתנאל N. p. m. Mattanel (Geschenk des Gottes): 406.3.

מתנאלם N. p. m. Mattanelim (Geschenk der Götter): 194.1—2. 363.3.

מתנבעל N. p. m. Mattanba'al (Geschenk des Ba'al): 261.3. 406.4.

מתנבעל N. p. f.: 212.3. 216.4. 303.1. 349.3. 362.1. C. 74.2—3. 81.2. 154.2. 155.3. 162.3. 291.3—4. 319.3. 361.3—4.

מתנת Geschenk: 192.1. 192. B. 2. 381. B. 2. 409.2—3. 410.3.

מתפמי N. p. f. Matpumaj (Magd des Pumaj): 55.1.

מתר N. p. m.: 137.1—2. Hadr. 9.4.

מתרח (?). Nach Euting ein nom. pr.: 260.4. 261.5.

נ

נ hbr. ה in dem Suff. נם: אדננם hbr. אדניהם, בדנם hbr. בדיהם. auch beim Verbum z. B. לבננם (vgl. darüber Barth ZDMG.XLI. p. 642).

נבא N. p. m. Nebo: C. 25.4.

נבעלז N. p. m. Nebo'ilez (Nebo hat erfreut): 102.4.

נגד N. p. m. Nagid (Fürst): 144.3. 8.

נגר (arab. نَجَّار) Schreiner: 354.

נדר geloben. Perf. 3 sg. masc. נדר: 7.1. 8.2. 15.2. 122.1. 138.1. 139.1. 143.1. 176. und auf den meisten carthag. Inschr.; als fem. gebraucht: 372.3. 387.2—3. 395.3. C. 58.3. 74.2. — mit dem Vocalbuchst. ע geschrieben נעדר: 186.2. 358.3.; als fem. gebraucht: 221.4. — נדדר: 375.3—4. (Das ד wahrscheinlich irrthümlich verdoppelt; sonst müsste man annehmen, dass wir hier eine Pielform haben, und dass die Wiederholung des ד die Dageširung bei der Silbenbrechung anzeigen soll). — Abgekürzte Formen דר: 360.2.; נר: 336.2.

3 sg. fem. נדרא: 216.3—4. 280.2—3. 371.1. 378.2. 382.2—3. 402.4. 406.3. und נדרע: 207.3. 232.3. 281.3. 320.3. 349.3. Part. כ נדר er hat gelobt: 93.5.

נדר Gelübde: 93.5. Tam. 2.5.

נחם N. p. m. Nahum (trostreich): 123.a3. und danach zu ergänzen: 123.b3.

נחמי N. p. m. Nahumaj (wie o.): 93.4. 94.4. (bis).

נחן (von הנן) Niph. mitleidswürdig sein), mitleidswürdig: 3.12.

נחשת Erz: 1.4. 5.d. 11.2. 140. 143.1. 330.4. 331.3. 332.4.

נחת Ruhe. משכב נחתי das Lager meiner Ruhe: 46.2.

נעם -- נעם angenehm, lieblich, im nom. comp. נעדם.

נעמה -- נעמה (fem. vom vorigen), im nom. comp. ברכנעמת.

נסך giessen. Part. Giesser: נסך ברזל Eisengiesser: 67.4.

נסך החרץ Goldgiesser: 327.4. 328.4. 329.2.

נעם angenehm, gut, gütig: 1.8. 7.7. 95.5. פעל נעם Mas. 6. entspricht dem griech. Titel der Ptolemäer: Εὐεργέτης. Damit zusammengesetzte nomm. pr. בהנעם, גדנעם, פסנעם und die zwei folgenden (vgl. auch oben s. v. נם).

נעמלכה N. p. f. (?) Naammilkat (Milkat ist günstig): 41.2.

נעמפעם N. p. f. Naampaam (Namphamo): C. 263.3.

נעמת fem. von נעם im nom. comp. גדנעמת.

נער Jüngling, Diener. Plur. נערם: 86 A. 7. 11. B. 11.

נפש Seele, Person. Plur. estr. נפשי: 86 B. 5.

נפת Honig: 166 B. 8.

נץ Habicht. Plur. נצם, im Namen der Insel אי נצם (siehe s. v.)

נצב Säule: 123.*1. 123.b1. 147.1. 194.1. 198.4. 380.1. Plur. נצבם: 139.1.

נצח hervorragen, siegen, besiegen. Perf. 1 sg. נצחת: 91.2.

נקי rein: 124.2.

נרגא N. p. m. 381. A. 2—3. 4.

נרגל Name eines (assyrischen) Gottes. Nergal: 119.2.

נשא 1) (statt des gewöhnlichen נדר auf Votivtafeln) darbieten. Perf. 3 sg. נשא: 401.3. 411.3. 412.3. 413.2—3. 414.3. 415.2. 416.3.

2) erheben, wegtragen. Imprf. 3 sg. ישא: 3.5. 7. 10. 21. 3 pl. ישאן: Ath. 9.6.

נשא (hbr. נָשִׂיא) Fürst, Vorgesetzter, höherer Beamter: Ath. 9.2. Plur. נשאם: Ath. 9.4.

נתך (?) N. p. m.: C. 223.5.

ס

ס wird vertauscht mit ז: סבר gleich זבר; und mit ש: עסר gleich עשר. אסרשלה für אשרשלה.

סגר überliefern. Imprf. 3 pl. mit Suff. der 3 pers. סגרנם: 3.9 21.

סהב viell. von זהב Gold, in der Bedeutung Goldarbeiter. Gold heisst jedoch sonst immer חרץ: 355.2.

סהרו Name einer Stadt (?): 113.1. 2.

סוית Schleier, Decke: 166. A. 4.

סכן sich niederlassen und jemandem Dienste leisten. Davon Partic. סכן Einwohner oder Verwalter: 5. E. G.

סכן Name eines Gottes Sakon, im folgenden nom. comp. und in גרסכן und עברסכן.

סכניתן N. p. m. Sakonjatan, Sanchunjathon (Sakon hat gegeben): Hadr. 8.2.

סכר (hbr. זְכָר) Andenken: 7.6. 116.1.

סמך unterstützen, im nom. comp. מרסמך.

סמל Bild, Statue: 41.1. 88.2. 91.1. Tam. 1.1. 2.3. Plur. סמלם: 88.5. 93.3.

סמלת Bild, Statue: 11.2. 40.2. (Der Unterschied zwischen diesem und dem vorigen Worte ist, wie Vogüé, Mél. p. 22. richtig bemerkt, der, dass das masc. סמל für männliche, das femin. סמלת dagegen für weibliche Statuen gebraucht wird.) Ferner im nom. comp. בגסמלת.

ססם die (heiligen) Pferde (?) im nom. comp. עבדססם.

סמסי N. p. m. (vgl. hbr. n. pr. סִמְסַי I. Chr. 2.40.): 95.3. mit der griech. Beischrift Σεομαος.

סף Becken: Tyr. 1. 5.

ספה N. p. m, Syphax, König von Mauretanien; auf Münzen bei Ges. mon. t. 42. XXI. Müller III p. 90 ff.

ספר schreiben. Davon Part. ספר Schreiber: 154.4. 240.5. 241.4. 242.3. 273.3. 277.2. 382.4. Plur. ספרם: 86. A. 14.

ע

עא (?) auf vielen Münzen. Zu Erklärungsversuchen vergl. s. v. בעלמלך, מא דמך, und מן.

עבד Diener: 5 F. 236.3. 247.5. 248.3. 249.4. 250.5. 251.2. 252.4. 253.3—4. 254.3. 255.4. 256.3. auf einer Gemme bei Vogüé Int. ph. No. 2. In nom. comp. siehe die folgenden. Mit Suffixen der 2 prs. עבדך: 9. 122.1. 122.b2. 176. der 3. prs. עבדי: Mas. 3.

עבדא N. p. m.: 65.2. 157.3. 306. C. 178.2. Levy S. u. G. No. 22.

עבדאבסה N. p. m. ʿAbdabsit (Diener der Absit): 86 B. 6. D. 39. und so zu ergänzen: C. 161.6.

עבדאדם N. p. m.: 295.4.

עבדאדני N. p. m. ʿAbdadoni (Diener des Adonis [?]): 332.3.

עבדאלם N. p. m. ʿAbdelim (Diener der Götter oder des Gottes): 7.1. 2. 14.6. 87.1. 334.2—3.

עבדאס N. p. m. ʿAbdis (Diener der Isis): 50.1. vgl. עבדם.

עבדאסר N. p. m. ʿAbdosir (Diener des Osiris): 9. 13.2. 46.1. 58.2—3. 122.2—3. mit der griech. Beischr. Διονυσιος.

עבדארש N. p. m. ʿAbdariš (Diener des Ariš [ein Gott?]): Sainte-Marinis 201. 613. 1432. 1518. 2027 (angeführt CJS. p. 427).

עבדארשף N. p. m. ʿAbdaršuf (Diener des Aršuf): 393.3. wo jedoch der letzte Buchstabe unleserlich ist, vollständig Sainte-Marie No. 465 (angeführt CJS. 427).

עבדאשמן N. p. m. ʿAbdešmun (Diener des Ešmun): 8.2. 47.1—2. 59.1—2. 68.1. 86. A. 14. 103.c 109. 118. 121. 132.5. 6. 143.2. 156.3 4. 183.2. 187.3. 5. 188.3. 241.3—4. 253.2. 275.3. 286.4. 288.3. 4. 294.3. 301.4—5 288.2—3. 389.4. 411 und öfters leicht zu ergänzen. Vgl. auch s. v. עבדשמן.

עבדבל N. p. m. Abdbel (Diener des Bel): 287.1.

עבדבעל N. p. m. ʿAbdbaʿal (Diener des Baʿal): 186.3. C. 54.4. 143.3—4. 312.4. 359.5.

עבדהא N. p. m.: D. 51 bis.

עבדהאר N. p. m.: D. 9.

עבדהורן N. p. m. ʿAbdhauran: CIG. Sc. No. 17.

עבדהר N. p. m. ʿAbdhor (Diener des Horus): 53.

עבדמלך N. p. m. ʿAbdmilk (Diener des Milk): 46.3.

עבדמלכת N. p. m. ʻAbdmilkat (Diener der Milkat): 264.3. 282.5. Hadr. 3.3—4. D. 20.

עמדמלקר N. p. m. Abdmelqar (Diener des Melqar): 68.2. C. 18.

עבדמלקרת N. p. m. ʻAbdmelqart (Diener des Melqart): 14.7. 44.1. 53. 88.6. 117.1. 171.6. 179.3—4. 181.3—4. 184.4. 5. 186.2. 199.3—4. 200.2—3. 201.2—3. 3—4. 203.4. 204.2. 210.3. 211.2—3. 215.3—4. 219.4—5. 230.3—4. 231.1—2. 234.3. 235.3. 236.3—4. 240.5. 211.5—6. 215.3. 247.4. 248.3. 254.2—3. 255.2—3. 277.2—3. 283.3. 285.4. 298.3. 320.4—5. 323.3—4. 330.2—3. 348.2. 352.2—3. 356.3. 369.4. 373.2—3. 394.3. 413.3. 418.4—5. und oft unvollständig.

עבדמנקרת N. p. m. Abdmenqart (Diener des Menqart): 102.a2. muss jedoch nach der Tranner. von Sayce בדמנקרת gelesen werden. (siehe das.).

עבדמרני N. p. m.: 16.2.

עברם verkürzt aus עבדאם N. p. m. ʻAbdis (Diener der Isis): 308.4.

עבדסבן N. p. m. ʻAbdsakon (Diener des Sakon): 112.a.

עבדססם N. p. m. ʻAbdsussim (Diener des [heiligen] Pferde): 46.1. 49. 53. 93.3. D. 50. 51. Tam. 2.3—4.

עבדעזז N. p. m. ʻAbdaziz (Diener des Aziz): 252.3—4.

עבדעשתרת N. p. m. ʻAbdʻaštoret (Diener der ʻAštoret): 115.1. mit der griech. Beischrift *Ἀφροδίσιος*.

עבדפמי N. p. m. ʻAbdpumaj (Diener des Pumaj): 88.6.

עבדפעם N. p. m. ʻAbdpaʻam: 112.cl.c2.

עבדפתח N. p. m. ʻAbdptaḥ (Diener des Ptah): 111.1.

עבדץ N. p. m.: C. 27.6.

עבדצד N. p. m. ʻAbdṣad (Diener des Ṣad): 236.5.

עבדצפן N. p. m. ʻAbdṣafon: 265.2. C. 192.4—5. D. 20.

עבדרשף N. p. m. ʻAbdrešef (Diener des Rešef): 93.4.

עבדשבא N. p. m.: 355.2.

עבדשמן vielleicht gleich עבדאשמן. N. p. m.: 100.a. 350.3 (bis). Vater und Sohn gleichen Namens.[1])

עבדשמש N. p. m. ʻAbdšemeš (Diener der Sonne): 116.2. mit der griech. Beischrift *Ἡλιόδωρος*. 117. D. 12. und so zu ergänzen 57.3, D. 4.3.

עבדתנת N. p. m. ʻAbdtanit (Diener der Tanit): 116.1. mit der griech. Beischrift *Ἀρτεμίδωρος*. C. 80.4.

---

[1]) Vgl. s. v. אסרשמר.

עבמלך statt עבדמלך oder für אבמלך N. p. m.: 317.4.
עברגה N. p. m.: C. 26.4.
עבחע N. p. m.: 409.3–4.
עגל Kalb: 165.5.
עגלח Wagen: 346.3.
עד (hbr. עוֹד) noch, ferner: 3.18.
עד (hbr. עֵד) Zeuge oder ewig, im nom. comp. אבעד.
עדרבעל siehe s. v. אדרבעל.
עז (hbr. עֵז) Ziege: 165.7. Plur. עזים: 167.4.
עז (hbr. עוֹז) Kraft, Macht: עז הים Beiname der Anat: 95.1. In Zusammensetzung, siehe unter den folgenden, ferner עזתרת.
עזא N. p. m.: Vog. Int. ph. No. 3.
עזבעל N. p. m. Ozba'al ([meine] Kraft ist Ba'al. cf. hbr. עזִיאֵל): 1): 429.4. C. 261.3. 4. 2) König von Citium und Idalion: Idal. 7.2. und auf Münzen von Citium. de L. Satr. pl. XV. 35–40 und rev. num. 1883. p. 329ff. 3) König von Gebal, auf Münzen von Byblus: de L. Satr. pl. XV. 41. 42.
עזיז Name des (syrischen) Kriegsgottes Aziz (der Starke), im nom. comp. עבדעזז.
עזם N. p. m.: Vog. Int. ph. No. 2.
עזמלך N. p. m. Ozmilk ([meine] Kraft ist Milk): 219.5. 221.6. 233.3. 371.5. 386.4. 394.2–3. 412.5. C. 124.5. 227.3–4. 247.3–4. 262.4. 276.5–6. 337.2–3. Tyr. 3. 5.
עזר helfen, beistehen. Part. mit Suff. der 3. pl. עזרנם ihre Helfer, Bundesgenossen: 91.2. In nomm. pr. siehe die folgenden und אשמנעזר, בעלעזר und יעזר.
עזר N. p. m. 'Azar (Er (Baal) hat geholfen): C. 27.5–6. 262.3–4.
עזרבעל N. p. m. 'Azarba'al oder besser im Unterschied von בעלעזר das עזר als Subst. zu betrachten (hbr. עזֶר) 'Asrba'al. Hasdrubal (meine Hilfe ist Ba'al): 51.12. 97.1. 133. 175.2. 180.3. 3–4. 200.2. 201.3. 202.3. 203.3. 204.3. 211.3. 214.4. 232.5. 233.4. 246.3. 288.2–3. 293.3. 322.3. 350.2. 359.4–5. 367.3 4. 377.5. 443. auf einer Gemme bei Vog. Int. ph. No. 2. und sonst noch unvollständig. — עשרבעל: 217.4.
עזרתבעל N. p. m. 'Azratba'al (meine Hilfe ist Ba'al): 88.3. 103ᵃ nach der Copie von Sayce D. 21.
עטהר N. p. f.: 47.1.

עטר Piel: bekränzen. Inf. לְעַטֵּר: Ath. 9.4.

עטרה Kranz: Ath. 9.3.

עינאל N. p. m. 'Enel, Enylos (Auge Gottes), König von Gebal: (vgl. den keilinschr. Eigennamen J'-ni-i-lu bei Schrader, die Keilinschriften und das alte Testament. 2. Aufl. p. 107. oben); auf Münzen bei Ges. mon. t. 36 VII. VIII. F. und de L. Satr. pl. XV.

עך Acco. Münzlegende bei Ges. mon. t. 35. III.

עכבר N. p. m. (vgl. hbr. n. pr. עַכְבִּיר) 'Akbar (Maus): 178. 239.4. 247.4. 344.3. C. 92.4–5. 95.7. 96.4.

עכברא N. p. m.: 395.4.

עכברם N. p. m.: 236.3.

על Praepos. auf: 1.5. Ath. 9.5, über: 1.2. 9. 46.2. 86.A.5. 12. 90.2. 92.2. 169. 175.1. für: 8.2. 93.4. 165.14. 17. 167.7. 9. 10. 171.6. 178. Ath. 9.2. 4. Mit dem Suffix der 3. pl. עלהם auf ihnen: 1.6.

עלה hinaufsteigen. Perf. 1. sg.: עלה: 113.1. Part. plur. עלם: 170.2.

עלו erfreuen, im nom. comp. נבעלו.

עלם Ewigkeit: בת עלם ewige Wohnstätte: 124.1. לעלם ewiglich: 3.20. 22. 7.8. 46.2.

עלמה (hbr. עַלְמָה) Jungfrau: 86B. 9. (bis).

עלישי N. p. m.: C. 168.3. als N. p. f.: 409.3.

עלישת N. p. f.: 256.3. 279.3. 385.3. C. 11.2. 58.3.

עלת Praepos. mit feminin. Endung. auf: 170.2. 3. über: 1.11. 12. 14. 166. A.4. B.8. zu etw. hin: 3.20. עלת פן zu etwas hinzu. - ausser: 165.3.

עלת Deckel, Sargdeckel: 3.6. 7. 10. Mit Suffix der 1. sg. עלתי: 3.20 21. Sid. 3.4. 6. 7.

עם Volk, Gemeinwesen: 1.10. 7.5. 132.1. 8. 265.3. 266.3. 267.4. 269.5. 270.3. 271.4. 272.5. 290.6. 291.5. 310.4. Ath. 9.1. und auf Münzen: עם מחנת 264.4. : עם בת מלקרת „die Leute vom Tempel des M." Ferner im nom. compos. אלעם.

עמא N. p. m.: 384.4. (bis) 387.5.

עמד (hebr. עַמּוּד) Säule. Plur. mit Suff. der 3. sg. fem.: 1.6. עמדה.

עמם tragen, aufladen. Niph. Imprf. 3. sg.: 165.13. 167.8. 270.3. 272.4–5. 273.4. 274.3. 275.4–5. 290.6. 291.5. Hiph. Imprf. 3. pl. יעמם: 3.5. 6. 7. 21. In nom. comp. אשמנעמם und בעלעמם.

עמשתרת siehe s. v. אמעשתרת.

עמת (hbr. עָמָּה) Gemeinschaft. Verbindung. עמת איש עשתרת die Gemeinschaft der Leute der 'A: 263.3.

עמתבעל N. p. f. — אמתבעל (vgl. s. v. אמתעשתרת): C. 56.3. 167.3.

ען (hbr. עין) Auge. עין איש vor jedermanns Auge: Ath. 9.5. לען in den Augen, vor: 1.10. (bis).

ען (hbr. עין) Quelle: 3.17.

ענש strafen. Niph. Perf. 3 sg. נענש: 165.20.

ענת Name einer Göttin 'Anat: 95.1. mit der griech. Beischrift Ἀθήνα: Idal. 7. und auf einer Gemme bei Vog. Mél. p. 47.

עסר zehn: 3.4. (vgl. עשרת).

עפף N. p. m.: 48.

עץ Holz: 346.3.

עצמת Grossthaten: 3.19.

עקב Folge oder Belohnung: 86 B.1.

ער (hbr. עיר) Stadt: 113.1. 2. (Lesung zweifelhaft).

ערב Bürge: Ath. 9.6.

ערה entblösen, entleeren. Imperf. 3 sg. ויער: 3.21.

ערב (hbr. עֶרֶךְ) Schätzung: 132.4.

ערפת (arab. غُرْفَة) Säulenhalle: 1.6. 12. Mas. 1. Ath. 9.5.

ערק N. p. m.: Tam. 1.3.

ערשת N. p. f. siehe s. v. ארשת.

ערשתבעל N. p. f. s. s. v. ארשתבעל.

ערת (hbr. עור) Fell, Haut: 165.4 6. 8. 10. 167.2. 3. 4. 5.

ערת Uraeus (?): 1.5.

עשרבעל N. p. m. siehe s. v. עזרבעל.

עשרת zehn: 165.3. 175.1. vgl. s. v. עסר.

עשת siehe s. v. אשת.

עשתא N. p. m.: 164.

עשתרני Nach Euting ein nom. ethn. aus 'Ašteran: 261.4—5. und danach zu ergänzen 260.3—4.

עשתרת Name einer Göttin 'Aštoret, Astarte: 3.15. 16. 18. 4.5. 11.3 86. A.4. 132.3. 135.1. 140.1. 255.4—5. 263.4. Mas. 4. Sid. 3.1. 2. 6. In Zusammensetzung in den nomm. compos: אמעשתרת, אמתעשתרת, עבדעשתרת, מלכעשתרת, גרעשתרת, בדעשתרת, אשמנעשתרת, und den beiden folgenden.

עשתרתיתן N. p. m. 'Aštoretjatan ('Aštoret hat verliehen): 72.1. 2. C. 23.3—4. אשתרתיתן: 264.3.

עֲשְׁתַּרְתְעֹז N. p. m. 'Aštoret'oz ('Aštorot ist [meine] Kraft, [mein] Heil): CIG. Sc. No. 16.

עֵת Zeit. בְּעֵת zur Zeit: 132.4, in derselben Bedeutung auch ohne Praepos.: 165.1. 170.1. בַּל עֵתִי vor meiner Zeit: 3.3. 12. Im nom. comp. גִּדְעֹת (?)

עֲבֹךְ N. p. m.: C. 254.4–5. (Am Anfang der 5ten Zeile Raum für einen Buchstaben).

פ

פדא erlösen, im nom. comp. בְעַלְפְדָא.
פִדֹתֵן N. p. m.: bei Longpérier in Comptes-rendus de l'Ac. des Inscr. 1867. p. 330 (= Levy: Ph. St. IV. p. 69).
פֶּה Mund, Befehl. לְפִי nach Massgabe: 165.18.
פוק auf etwas stossen, antreffen, auffinden: Imprf. 2. sg. תָּפֵק: Sid. 3.3.
פחלם? פ' שִׁשְׁפֶט: 226.3.
פטר weggehen, sterben. Infin. mit praefig. בְ: בְּפִטְרָה beim Weggehen oder beim Sterben: 102.&2.
פלאדלף siehe s. v. ארסנאם.
פֶלֶג Bezirk: 7.3.
פלם darwägen, zutheilen. Davon Partic. פֹּלֵם Wagemeister (vgl. hbr. פֶּלֶם Wage): 40.1. 356.2–3. und das n. pr. בְעַלְפִלָם Ba'al hat zugetheilt.
פמי Name eines Gottes Pumaj in den nom. comp. מַתְפֻמֵּי und עֲבְדְפֻמֵּי und den beiden folgenden.
פֻמַיָּתֵן N. p. m. Pumajjatan (Pumaj hat gegeben): 1) 12. 2) König von Citium und Idalion und zeitweise auch von Tamassus (vgl. CJS. Nis 10. 11. und 92.): 11.1. und auf Münzen: de L. Satr. pl. XIII. und rev. num. 1883. p. 338 ff.
פֻמִישׁ·· N. p. m. (zu ergänzen: פֻמִישְׁמַע oder פֻמִישְׁמַר) Pumajš... (Pumaj hat...): 197.3.
פנם Angesicht, kommt nur im st. estr. vor פֵּן. בַּעַל פֵּן Antlitz Ba'als (Beiname der Tanit), auf den meisten carthagischen In-

schriften. Abweichende Schreibarten (spätcarthagische, dem Neupunischen sich annähernde): פעין: 188.1. C. 280.1. פנא: 200. 1. 239. 408.1–2. C. 100.2. 164.1. 272.1. פעץ: C. 142.1. Hadr. 7.1. — mit על oder עלי vor: 1.5. 135.4. 165.3. 6. 10. mit אך (in derselben Bedeutung): Ath. 9.8.

פנסמלת N. p. m. סמלת eig. „ein Bild, eine Statue, hier viell. Name einer Göttin; dann wäre פנסמלת zu vgl. mit obigem פן בעל (s. v. פנב); Ath. 8.

פנת Praep. vor. gebildet von פנם wie עלי von על: 165.13. Statt dessen steht בנת: 167.8.

פם Fläche, Tafel. (vgl. Mischna. Tr. Erubin 2.1. עושין פסין לביראית man soll Bretter für die Brunnen machen): 165.18. 20. 167.11.

פסך oder פסר N. p. m.: D. 33. 34.

פסנעם N. p. m.: 226.2–3.

פעל machen, thun. Perf. 3 sg. masc. פעל: 132.1. 177. Tyr. 5. Ath. 9.3. 3 sg. fem. פעלת: 1.8. 3 sg. fem. mit Suffix der 1. sg. פעלתן: 1.2. 1. sg. פעלתי: 3.19. 3 pl. פעל: 86. A. 13. 175. 1. Ath. 9.7. Part. sg. פעל: 1.3. 6. 13. 45. 336.3. 338.3. 339.4. 340. 341.4. 342.4. Mas. 6. plur פעלם: 86. A. 12. 87. 2. 4. Infin. הפעל: 1.11. Niphal: Prf. 3 sg. נפעל: 124.1. Tyr. 1. In nom. comp. אלפעל und die folgenden.

פעלאבסת N. p. m. Pa'alabsit (Absit [Bast] hat vollbracht): 102.8.1.

פעלאש N. p. m. (?) (siehe s. v. אש): 338.4. und vielleicht 111.b.2. so zu ergänzen.

פעלת (hbr. פְּעֻלָה) das Thun, Vollenden: 7.4.

פעלת Name eines (des sechsten) Monats: 86. B. 2. 88.1. (so zu ergänzen) und Tam. 2.1.

פעם Fuss. Plur. פעמם: 165.4. 6. 8. 10. 170.2. in der Bedeutung Stufen: 175.1. Plur. estr. פעמי: 7.7. In nomm. compos. פעמיעם, פעמיבעל.

פקד auftragen, befehlen. Perf. 3 sg. פקד: 88.4. 3 pl. (id): 88.5.

פר (hbr. פְּרִי) Frucht: 3.12. 166. B. 2.

פרחם (?) Auf einem Granitstein die einzigen Buchstaben, sehr gross geschrieben: 216. whrsch. e. aegypt. Wort.

פרך (wahrsch. denominativ von פָּרֹכֶת). Part. plur. פרכם die mit der Besorgung der Vorhänge Betrauten (velarii): 86. A. 5. 10.

פתא (von פתח brechen, schneiden ?). Partic. den Stand des Gelobenden bezeichnend: 357.5.

פתח öffnen. Imprf. 3. sg. יפתח: 3.4. 7. 10. 20. 2. sg. תפתח: Sid. 3.3—4. 5—6. mit verstärkendem Infin. פתח הפתח: Sid. 3.6—7.

פתח (hbr. פּתיחָ) eingegrabne Arbeit: 1.4—5.

פתח Name eines (ägyptischen) Gottes Ptaḥ: Levy. S. u. G. No. 21. In nomm. comp. עבדפתח und die folgenden.

פתחא N. p. m.: 154.2.

פתחי N. p. m. (gleich חי פתח Ptaḥ ist lebend [?]): 111.2.

פתיחו N. p. m. (gleich יחו פתח Ptaḥ verleiht Leben [?]): 112.a.

פתלמים N. p. m. Ptolemaeus: 93.1. (bis). Mas. 5. 6—7. dafür

פתלמיש N. p. m. Ptolemaeus: 95.2.

פתרא N. p. m.: 220.5.

צ

צבא N. p. m. ?: 197.5.

צד (hbr. צֵיד) Speise, זבח צד Speiseopfer: 165.12. 167.9.

צד Name eines Gottes Ṣad, in den nomm. comp. גרצר, הנצר, יתנצר, עבדצד, צדיתן, צדמלקרת, צדתנה und dem folgenden nom. pr.

צד N. p. m. Ṣad: C. 143.4. (nach der Copie von Longpérier)[1]).

צדיתן N. p. m. Ṣadjatan (Ṣad hat gegeben): 102.a1. D. 39.

צדמבעל Name einer Gottheit. Nach Blau ZDMG. XIV. 65. — Σαλαμβας (Isis). Vgl. die nähere Begründung bei Schroeder: Die phoeniz. Sprache § 23. Nach andern: ‑‑ בעל צדן: 132.

צדמלקרת Name einer Gottheit, Ṣad-Melqart, entstanden aus der Verschmelzung der Attribute des Ṣad und des Melqart: 256.3—4.[2])

---

[1]) Vgl. s. v. אישמן Anm.

[2]) Vgl. s. v. אשמנמלקרת Anm.

צִדֹן Sidon: 3.16. 18. 269.3. 270.2. 272.3. 275.4. 276.3. 277.3. 278.4. 279.4. 281.4. 282.3. 283.3. 284.4. 285.3. 286.3. 290.4. 291.4. 293.2. Ath. 9.1. 6. auf Münzen bei Ges. mon. t. 34. II. und im nom. comp. בְּעַלְצִדֹן.
צִדֹן N. p. f. Sidon (Sidonierin ?): 273.3.
צִדֹנִי nom. ethn. Sidonier: 115.2, 116.2. 308.4—5. Plur. צִדֹנִם: 3.1. 2 13. 14. 15. 18. 20. 4.3. 4. 5. A. Ath. 9.1. 7. Sid. 3.1. 2. und auf Münzen bei Ges. mon. t. 34. I. X. u. II. Femin.
צִדֹנֶת Sidonierin: 119.1.
צדק gerecht: 1.9.
צדקמלך N. p. m. Ṣadiqmilk (Milk ist gerecht), König von Lapethus (?): auf Münzen bei de L. Satr. pl. XV. und rev. num. 1883. p. 320 ff.
צדתנת Name einer Gottheit Ṣad-Tanit[1]): 247.5. 248.4. 249.4—5.
צועה eine Opferart: 165.3. 4. 5. 7. 9. 13. 167.4—5.
ציץ Panormus: auf Münzen bei Ges. mon. t. 39. Ugdulena, sulle monete l'unico-Sicule tav. I. 19—21. II. 1. 3. 4. 6. 14—21. 30. (II. 14. mit der griech. Legende Πανορμος auf der Rückseite).
צלח Piel. gelingen lassen, in den nomm. com. אשמנצלח, בעלצלח, דעמצלה und in.
צלח N. p. m. Ṣilleḥ (Er [Baal] hat beglückt): 291.4. 411.4.
צפל Nach Clermont-Ganneau und Renan = צפן Norden. Nach Halévy jedoch, zusammenzustellen mit dem hbr. Verbum טפל anfügen und dem mischn. טפל Nebensache: טפלי sein Zubehör: Mas. 1—2.
צפן Name eines Gottes Ṣafon, in den nomm. comp. ברצפן, עברצפן und dem folgenden.
צפנבעל N. p. m. Ṣafonba'al (Ṣafon ist Herr oder Ba'al hat beschützt von צפן schützen): 207.3. 371.3. 415.2. C. 189.3. 271.3. 350.2.
צפר Vogel: 165.12. 15. u. 11. danach zu ergänzen.
ציץ Nach den meisten Erklärern im Gegensatze zu אגנן צפר wildes Geflügel bedeutend, nach andern eine Opferart: 165.11. 167.7.
צר Tyrus: 7.6. 122.1. Tyr. 2. und auf Münzen von Tyrus bei Ges. mon. t. 34. I.
צרב in Verbindung mit איל Hirschlamm: 165.9. 167.5.
צרבם N. p. m.: 380.4.

---

[1]) Vgl. s. v. אשמנמלקרת Anm.

צרי nom. ethn. Tyrier: 102.a1.
··· ץ N. p. m.: 412.4—5.

ק

קבר begraben. Niphal. Imprf. 3 sg. ויקבר: 3.8.
קבר Grab: 3.3. 8. 124.1 137.1. 156.1. 158.1. C. 8.1. 15. 18. 179.1.
קדמת Erstlinge (— hbr. בכרים): 165.1 166.3. 7. (?).
קדש heilig sein. Iphil. für heilig erklären, heiligen. Prf. 3 sg. ויקדש: 95.4.
קדש heilig, geweiht: 3.17. 166. B. 2. 3. Plur. קדשם: 3.9. 22. Fem. sg. oder pl. קדשת: 86. A. 6. 165.12. 166. B. 4. 167.9.
קטן N. p. m. (der Kleine): C. 13.4.
קטרת Räucherwerk: 334 3—4. und 166. B. 3. wohl so zu ergänzen.
קל Stimme: 1.8. 89.3. 90.2. 96.3. 197.6. Hadr. 9.4. Tam. 1.6. 2.6. [1])
st. cstr. (ebenso): 123.a6. 147.7. Mit dem Suffix der 3. sg. masc.
קלא: 138.3. 143.2. 178 und in den meisten carthag. Inschriften.
der 3. sg. fem. (ebenso): 371.6. C. 162.5. 232.6. der 3 pl. masc.
קלם: 38. 88.7. 122.a3. 122.b4. der 1. pl. קלן: 418.7.
קם er hat sich erhoben, in den nomm. comp. אבקם und ויקבם.
קנג N. p. m.: 366.3.
קנם Verwünschung. (Im Talmud, Tract. Nedarim. fol. 10. wird bemerkt, dass קנם ein Ausländern entlehnter Ausdruck sei). Plur. mit Suff. der 1. sg. קנמי: 3.4. 20.

---

[1]) In der Inschrift 96.3. ist קל von dem folgenden יברך durch einen Punct getrennt, und demnach lesen wir diese Buchstabengruppe durchweg so. Es wäre aber möglich, dass an den andern Stellen das י noch zu קל herüber zu ziehen sei: קלי ברך [höre] seine Stimme, segne, nach Analogie von קלא ברא 182. 238. 242 und sonst. In 1.3. würde die Endung י‍- Suffix der 1. pers. sing. sein.

קסם Becher. קסם בעל mit der griechischen Beischrift εκπωματοποιος Töpfer: 45. (Das ם ist lädirt, jedoch sicher; vgl. hbr. קְשָׂה, talm. קָסְוָה plur. קוסים und mischn. (Kelim 4.): הקוסים הצידונים).

קפא Name einer Münze: 86. A. 3. 4. 7. 10. 11. 12. B. 3. 11. — 86. A. 15. u. B. 10. findet sich פא.

קצה abschneiden, vertilgen: Imprf. 3 pl. ויקץ; 3.22. Infin. mit Suffix der 3. pl. לקצתנם: 3.9—10.

קצרת Name gewisser Opfertheile (von קצר abschneiden abzuleiten ?): 165.4. 6. 10. 13. 167.8.

קר oder קן Name einer Münze: 86. A. 8. 14. 15. B. 8. 10.

קרא rufen, anrufen, Perf. 1. sg. קראה: 1.7. Part. קרא; 1.2.

קרן Horn. Plur. mit Suffix der 3. sg. קרני: 165.5.

קרנא Carne, Hafenstadt in Phoenizien: auf einer Münze bei Ges. mon. t. 36. VI. D., besser bei Judas, études démonstratives, pl. II. No. 2.

קרתחדשת 1) Neu-Stadt: 5 E-F. G. 2) Carthago: 269.5. 270.3. 271.4. und ganz unvollständig, jedoch leicht zu ergänzen: 290.6—7. 291.5—6. Münzlegende bei Müller II. p. 74.1—7.

קרתחדשתי nom. ethn. Carthager: 86. B. 6.

ר

ר Abbreviatur für רבי oder רבן mein (od. unser) Herr, Eigennamen vorgesetzt: 132.4. 170.1.

ראש siehe s. v. רש מלקרת.

ראשת Anfang, Erstling. בראשת נחשת in erstem (d. i. bestem) Erz (?): 5 D.

רב der Oberste: רב חרש Werkmeister: 64.3. רב ספם der Oberste der Schreiber: 86. A. 14. רב כהנם der Oberste der Priester: 119.2. רבבן mit folgendem genit. (ebenso): 244.3.

als Titel **Fürst**: 229.5, 6. 230.5. 231.3. 233.3. 234.4. 235.3. 236.5. 237.7. 260.3. 372.4. 373.3. 374.2. 375.5. 377.5.

רבע ein **Viertel**: 165.9. 11.

רבת Herrin. Beiname von Göttinnen: 1.2. 15. 135.1. 177. und in den meisten carthag. Inschriften. Irrthümlich: רח: 408.1. רב: C. 51.1. 68.1. Mit dem Suffix der 1. sg. רבתי: 1.3. 7. 11.3. 13.3.; irrthümlich: רבי: 419. mit dem der 1 pl. רבתן: 3.15.

רגז unruhig, bewegt sein. Hiph. beunruhigen. Iuprf. 2. sg. mit Suff. der 1. sg. תרגון: Sid. 3.4. 6. dass., verstärkt durch den Infinit. רגז תרגון: Sid. 3.7.

רח (hbr. רוּחַ) Athem, Geist, in den nomm. compos. ארברח und הקרח (?).

רם erhaben, in den nomm. compos. אלרם, בעלרם, מלברם und dem folgenden.

רמבעל N. p. m. Rambá'al (erhaben ist Ba'al): 99.1.

רעת (vgl hbr. רְעִית) Verrichtung, Geschäft: Ath. 9.4.

רפא heilen. Perfect 3 sg. masc. mit Suff. der 3 sg. masc. רפיא: 143.2. Partic. רפא Arzt: 321.3. 322.3–4. 323.5. vgl. auch בעלמרפא.

רפאם die Verstorbenen: 3.8. Sid. 3.8.

רצף im nom. comp. מלקרתרצף (siehe s. v.)

רקא (von רקק dünnschlagen?), Partic. den Stand des Gelobenden angebend: 315.5–6. 358.4.

רקח würzen, Salben bereiten. Part רקח Salbenbereiter: 109 nach der Copie von Sayce bei D. 19.

רש N. p. m.: 144.2. 7–8.

רש מלקרת Kopf d. h. Vorgebirge des Melqart: auf Münzen von Heraclea bei Gesenius mon. t. 38. X. Auf einigen ראש מלקרת: V. Head. p. 125.

רשף Name eines Gottes, kommt alleinstehend nur einmal vor in der Form ארשף mit א prostheticum, sonst nur mit einem Attribute (siehe im folgenden) und bei Personennamen in עבדרשף und רשפיתן. Als Name des Gottes kommt er mit folgenden Attributen vor:

רשף אלהיתם kyprisch Ἀπο[λ]λωνι τωι Ἀλασιωται: Tam. 2.4.

רשף אליית kyprisch Ἀπειλωνι τωι Ἐλειται: Tam. 1.3–4.

רשף הץ gewöhnlich übersetzt Apollo mit dem Pfeil. Nach Auffindung der beiden Inschr. von Tamassus ist es jedoch als sicher zu betrachten, dass auch in חין die Uebersetzung oder Wiedergabe einer Local-Bezeichnung des Apollo zu suchen ist. (Vgl. auch רישף מכל). Clermont-Ganneau liest חין hbr. חוץ Strasse und hält רישפחין für die Uebersetzung von ᾿Απόλλων ᾿Αγυιεύς. Wahrscheinlicher ist jedoch der Name einer Oertlichkeit darin enthalten: 10.3. 4.

רישף מכל: 89.3. kyprisch Ἀπο[λ]λωνι τωι Ἀμυκλοι. 90.2. 91.2. 93.5. 94.5.
רשפיתן N. p. m. Rešefjatan (Rešef hat gegeben): 44.2. 88.6. und 2—3. 4. danach zu ergänzen.

ש

ש, verkürzt aus אש dient als Exponent eines Genitivverhältnisses: בן שמנעם Sohn des M.: 315.5. בהן שבעלשמים Priester des B.: 379.2. Zwischen zwei Eigennamen drückt es das Verhältniss von Vater zu Sohn aus, z. B. בעלחנא שבדמלקרת Baalḥanno Sohn des Bodm.: 133. 139.2. 143.1. 144.1. 317.4. Vielleicht auch einfach relativ welcher: 112b2. 144.2. 226.3.

שאנן N. p. m. (der Ruhige) Ša'anan: 309.3.

שאר Fleisch: 165.4. 6. 8. 10. und so zu ergänzen: 165.3. 170.2.

שאר und שארי siehe s. v. שערם.

שבא Name einer Gottheit(?), im nom. comp. עבדשבא.

שבע sieben: 166.B.6.

שד (hbr. שׁד?) Verwüstung (?): Sid. 3.5.

שד (hbr. שָׂדֶה) Feld, Gefilde, St. cstr. שד: 3.19.

שח (hbr. שִׂיחַ) Sprössling, Strauch: 166.B.2.

שהרבעל N. p. m. 'Saḥarba'al (Ba'al hat gesucht): 287.2—3.

שים aufstellen. Perf. 3. sg. masc. שם: 123a2—3. und so zu ergänzen: 123b2—3.

שית aufstellen, festsetzen: Imprf. 2 sg. masc.: תשית: 1.13. Infinit. לשית: 166.B.8. intransitiv: festgesetzt sein: Perf. 3 sg. masc. שית: 165.17. 18. 20. 167.11.

שכב liegen, ruhen. Part. שכב: 3.3. Sid. 3.2. 5.

שכן wohnen. Part. pl. שכנם: 86.A.6.

שלב Plur. שלבם. gewisse Opfertheile.[1]): 165.4 6. 8. 10. Mit prosthetischem א: אשלבם: 170.2. und so zu ergänzen: 167.4.

שלח senden. Piel: loslassen, freilassen, im nom. comp. אשמנשלח.

שלך (gleich שלח (?)), in den nomm. comp. אשמנשלך und בעלישלך.

שלבת N. p. f: C. 13.3—4.

שלם Piel: vollenden, bezahlen, vergelten. Prf. 3 sg. m. שלם: 144.4—5. Infin. לשלם: Ath. 9.7. In den nomm. comp. אשמנשלם, בעלישלם und dem folgenden

שלם N. p. m. Sallum (Vergeltung oder dem vergolten wird): 93.4. 121, 131.2. D. 50. 51. Vog. Int. ph. No. 1.

שלם (hbr. שָׁלוֹם) Friede: in den nomm. comp. בתשלם und יבנשלם.

שלם (hbr. שֶׁלֶם) Dank oder Friedensopfer: 86.B.4. 165.3. 5. 7. 9. 11.

שלש drei: 132.1. Idal. 7. Mas. 8. שלשת: 93.4. רבע שלשת drei viertel: 165.9. 11.

שלשם dreissig: Tam. 1.5.

שם (hbr. שָׁם) da, dort: 3. 5. 16. 17.

שם (hbr. שֵׁם) Name: 7.6. שם נעם guter Name. 3.18. בעל שם. Name Baals. Beiname der Astarte (damit zu vgl. den Beinamen der Tanit בעל פן).

שם N. p. m.: 115.1. in der griech. Beischrift Ἀρίσταρχος.

שמא N. p. f.: 51.1.

שמחיה N. p. f.: 281.3. (? undeutlich)

שמחת N. p. f. Simhat (Fröhlichkeit): Carth. bei Levy: Ph. St. IV. p. 67.

שמם (hbr. שָׁמַיִם) Himmel, in den nomm. comp. בעלשמם und בעשמם.

---

[1]) Die im Corpus zu diesem Worte gegebenen Etymologien sind alle wenig befriedigend. Wenn Ewalds Vermuthung, dass Zeile 14 der Inschr. 165. das חלב nur irrthümlich doppelt geschrieben sei, da dort nur von unblutigen Opfern (also wohl von Milch, nicht aber von Fett) die Rede ist, richtig wäre, so könnte man wohl die mir von Prof. Barth vorgeschlagene Erklärung von שלבם gleich talmud. תרבא, arab. شَرْب Fett annehmen.

שמן (hbr. שֶׁמֶן) Oel: 165.12. 167.9.

שמן (hbr. שְׁמֹנָה) acht: 92.2.

שמן wahrsch. für אשמן im nom. comp. עבדשמן.

שמע hören, erhören. Prf. 3 sg. masc. שמע: 88.7. 89.3. 90.2. 122.3. 123.a5. 135.8. 138.3. 147.7. Tam 1.6. 2.5. 3 sg. fem. ebenso: 1.8. und שמעא: 180.4. 213.5. 258.5. 319. 3 plur. שמע: 181.4—5. 182.3. 194.3. 197.3. 238.3. 242.4. 247.6. 253.4. 274.3. 275.5. 277.2—3. Imprf. 3 sg. fem. תשמע. 178. 237.7—8. 252.5. und תשמעא: 411.4. 2 sg. masc. תשמע: 3.6. 3 pl. ישמעו: 193.3. 195.3. 380.5. 391.4. In nomm. pr. siehe בעלשמע und die folgenden.

שמע N. p. m. 'Sama' (Er (Baal) hat erhört): CIG. Sc. No. 9.

שמעא N. p. m.: 11.3.

שמעבעל N. p. m. 'Sama'ba'al (Ba'al hat erhört): Ath. 9.2. gr. Διοπει-θεν (acc.)

שמר hüten, bewahren. Partic. שמר Aufseher: 132.7. In nomm pr. siehe אסרשמר, אישמנשמר, בעלשמר und die folgenden.

שמר N. p. m. 'Samar (Er (Ba'al) hat behütet): 193.2.

שמרבעל N. p. m. 'Samarba'al (Ba'al hat behütet): 384.3—4. 5. C. 301.2—3. 343.5—6. 364.3. 365.6.

שמש 1) Sonne: 3.12. Sid. 3.7—8. Mas. 1. 2) Sonnengott, in den nomm. pr. עבדשמש, אדנשמש und dem Monatsnamen בהשמש.

שנא Partic. (von שנן schärfen, wetzen (?)), den Stand des Gelobenden angebend: 359.5.

שני der zweite: 3.6.

שנם (hbr. שְׁנַיִם) zwei: 139.1. mit א prostheticum אשנים: 10.3. Str. estr. שן: 122.2. 122.bis 3. mit א prosth. אשן: 88.6.

שנת (hbr. שָׁנָה) Jahr: 3.1. 10.1. 11.1. 13.1. 88.1. 6. 89.1. 90.2. 92.2. 93.1. Idal. 7. Tam. 1.4. auf einer Münze von Marathus bei Ges. mon. p. 272. Mit Assimilation des n an t שת: 4.1. 7.4. 5. 93.2. 94.2. 124.3. 143.2. 175.1. 179.6. Ath. 9.1. Mas.5. 8. und auf vielen Münzen — Plur. mit Suff. der 3. sg. masc. שנתו: 1.9.

שער Thüre: 7.3.

שערם die Stadt Cirta (?): 294.4. 295.5. Statt dessen findet sich: שארי 296.2. שער: 301.6. שער: 299.5. 300.5. שרם: 297.5. 298.4. und שר: 302.5. 303.1. 304.6. 305.5. 306.4.

שפח ? (Nach Schroeder = hbr. ספח der Räudige; nach de Sauley masc. von שִׁפְחָה der Sclave): 165.16.

שפט richten. Partic. שפט Richter: 47.2. 118. 165.1. 2. 176. 199.4. 200.3. 201.4. 202.3. 203.3. 204.3. 205.6. 207.4. 208.3—4. 5. 209.4. 5, 210.3. 213.4. 5. 214.3. 215.4. 216.7—8. . 218.2. 219.4. 5—6. 220.4. 221.5. 6. 222.3. 223.4. 5. 224.4. 225.2. 227.3. 228.3. (dem Eigennamen ausnahmsweise vorgestellt). 278.5. 367.4. 5. 368.3. 369.4. 5. 370.3. 4. 5. 371.5. Tyr. 3. 4. 7. und noch oft unvollständig. Plur. שפטים: 135.6. 143.2. — In nomm. pr. siehe בעלשפט und die folgenden.

שפט N. p. m. 'Safat (Er (Ba'al) hat gerichtet): 175.2. 183.2. 213.3. 249.3. 255.2. 274.2. 282.3. 283.2. 289.7. 330.3. 347.4—5. 418.4. 426.1.

שפטבעל N. p. m. 'Safatba'al (Ba'al hat gerichtet): 179.4.

שפן (פ unsicher) N. p. m.: 99.2.

שצף Nach einigen eine Vogel-, nach andern eine Opfergattung: 165.11.

שצף N. p. m.: 194.2.

שצפם N. p. m.: 274.3.

שצפת N. p. f.: C. 232.3.

שקב N. p. m.: Vog. Int. ph. No. 20.

שקר auf etw. achten. Imprf. 2 sg. תישקר: 166.B.5.

שקל 'Sekel: 165.7.

שר und שרים siehe s. v. שערם.

שרדל N. p. m.: 44.1.

שרדן Sardon. nach Halévy, der phoeniz. Name von Nora; nach Renan Sardinien: 144.4.

שרדנת N. p. f.: 280.3.

שרד N. p. m.: C. 17.3—4. (viell. שרדל)

שרן Saron: 3.19. 4.4.

שרש Wurzel: 3.11.

שרת Piel dienen, bedienen. Infin. mit praefig. מ: משרת: Ath. 9.4.

שת siehe s. v. שנת.

שת (hbr. שְׁתוֹת) Säulen, Pfeiler. mit א prostheticum: אשתת: 86.A.13. B.5.

ת

ת Oberhalb der Inschr. 395, einziger Buchstabe der Inschr. 396. 400 und links von der Figur auf 436: wahrscheinlich Anfangsbuch tabe von תנת, der Göttin, welcher diese Steine geweiht sind.

האם N. p. m.: 46.3.

תאר Form, Gestalt, Ansehn: 3.12.

תארא N. p. f.: 64.1.

תבנת N. p. m. Tabnit, König von Sidon: 3.2. 14. Sid. 3.1.

תברבשי nom. ethnicum: 309.3.

תברת gewisse Opferstücke: 167.2. 3. (steht an beiden Stellen im Gegensatze zu ערת, das die Priester erhalten, während תברה dem Opfernden gehört.)

תגנץ N. p. m.: 117.2. Derenbourg will diesen Namen mit dem griech. Θεόγνις identificiren.

תדר N. p. f.: C. 192.4.

תחוא N. p. f.: 320.3.

תחת Praepos. unter: 3.12. 7.7. Sid. 3.7. Mit Suffix der 3 pl. masc. תחתנם an ihrer Stelle: 3.9.

תין (hbr. תְּאֵנָה) Feige: 166.B.5.

תמא (ת unsicher) N. p. m.: CIG. Sc. No. 25.

תמבא N. p. m.: journ. as. 1855. p. 429 (Levy. S. u. G. No. 4).

תמכאל N. p. m. Tamak'el (Gott hat unterstützt): CIG. Sc. No. 23.

תמם beschliessen. intrans. beschlossen sein. Perf. 3 sg. תם: Ath. 9.1.

תמש Tamassus, auf Cypern: 10.2.

תן (יתן ?). in den nomm. comp. פדתן. מלכתן.

תנר oder תגר N. p. m.: Vog. Int. ph. No. 7.

תנת Name einer Göttin, Tanit, beinahe auf allen carthag. Inschr., meistens mit vorangehendem רבת und folgendem פן בעל. Ganz alleinstehend nur: 190.1. Abgekürzt in תן: 342.1. in ת siehe s. v.; mit in מ verwandeltem נ: תמת: 221.1. — In Zusammensetzung in den nomm. comp. צדתנת, עבדתנת, בדתנת, אשתנת.

תעבת (hbr. תּוֹעֵבָה) Gräuel: Sid. 3.6.

תרתא N. p. m.: D. 56.2.

[Anfang unlesbar.]

בהא ּ · N. p. m.: 292.5.
כך · · N. p. m.: 293.2.
בשגא · N. p. m.: D.3.bis
שערה · (ש unsicher) N. p. f.: C. 190.3—4.